Für Herrn Stark

Zur Erinnerung an einen sehr produktiven Workshop!

18.2.14

Hinter dem Bildschirm

Leben, Lieben und Sterben

im Zeitalter des Internets

Tim Cole

Impressum

Obwohl unter Creative Commons lizenzierte Werke als freie Inhalte gelten, bedeutet das nicht, dass diese Inhalte ausschließlich kostenlos angeboten werden müssen, oder dass keine Verwertung dieser Inhalte möglich ist.

Es ist Zeit- und Geldverschwendung , sich gegen die Kopierbarkeit von Inhalten im Internet zu wehren. Im Sinne der Nutzer, der Urheber und der Gesellschaft ist es, dass die Vorteile der einfachen Verbreitung von Kultur und Wissen genutzt werden.

Druck: DGS – Druck- u. Graphikservice GmbH, Wien

ISBN: 978-3-200-03214-9

Inhalt

Danksagung

Dieses Buch ist meiner lieben Frau Gabi gewidmet, dem großen Glücksgriff meines Lebens. Wie sie es mit mir aushält, ist mir schleierhaft, aber ohne sie würde mir so ziemlich alles fehlen. Vor allem die Gelassenheit, die Dinge dies und jenseits des Bildschirms mit Abstand und Spaß zu kommentieren.

St. Michael im Lungau, im August 2013

Vorwort

WILLKOMMEN IN DER WELT

HINTER DEM BILDSCHIRM!

Kein Medium mit der möglichen Ausnahme des Buchdrucks hat die Welt so sehr verändert wie das Internet. Während die Druckerpresse dafür aber mehrere Jahrhunderte benötigte, hat das Internet unser Leben innerhalb von bislang gerade zehn bis 15 Jahren auf den Kopf gestellt. Das ist immer noch eine lange Zeit – lange genug, um uns vergessen zu lassen, wie es einmal war und wie anders unser Leben durch den Umgang mit Maus und Browser, mit Mail und World Wide Web geworden ist. Das Internet hat unsere Sprache verändert, unsere Umgangsformen und unsere Verhaltensweisen. Es hat die Art und Weise verändert, wie wir uns kennenlernen, wie wir uns verlieben, wie wir unserer Freude und unserer Trauer Ausdruck geben. Es hat die Wirtschaft verändert und die Politik – ich sage nur „Yes we can!" Und es ist womöglich dabei, die Art und Weise zu verändern, wie Menschen denken. Radikaler und tiefgreifender kann Veränderung nicht sein.

Der Mensch ist wie jedes Wesen den Gesetzen der Evolution unterworfen die besagen, dass derjenige weiterkommt, der am besten mit veränderten Umweltbedingungen zurechtkommt. Mit dem Internet ist eine ganz neue Welt entstanden, eine Welt hinter dem Bildschirm, in dem wir immer mehr Zeit verbringen und die uns immer stärker formt.

Wer Schwierigkeiten hat, sich eine zweite, parallele Welt vorzustellen, muss nur an das weltberühmte Kinderbuch von Lewis Carroll denken, „Alice hinter den Spiegeln". Der zweite Band der „Wunderland"-Geschichte beschreibt, wie das kleine Mädchen einen Ausflug macht in ein Land, das hinter dem großen Spiegel im Wohnzimmer ihres Elternhauses. Auf den ersten Blick ist diese Welt genau wie die richtige – das heißt, sie ist natürlich spiegelverkehrt, aber sonst ist kein Unterschied zu sehen. Erst, als sie durch den Spiegel steigen und nachsehen darf, wie es hinterm Spiegel weitergeht, wird ihr klar, wie wundervoll, wie schön, wie spannend und gelegentlich auch wie schrecklich die Welt in Wahrheit ist. Eines ist sie aber immer, nämlich faszinierend.

In der Welt hinter dem Spiegel gelten manchmal etwas andere Spielregeln. Der König darf dort zum Beispiel beim Schach so oft ziehen, wie er will – aber es wird Schach gespielt, genau wie bei uns. Und an einer Stelle in dem Buch nimmt die Königin die kleine Alice bei der Hand und beginnt, aus Leibeskräften zu los zu laufen. Als das kleine Mädchen müde wird, ruft die Königin nur: „Schneller, schneller!" Und als das Kind sich beschwert, klärt sie die Königin auf: „Hierzulande musst du so schnell rennen, wie du kannst, wenn du am gleichen Fleck bleiben willst. Und um woandershin zu kommen, muss man noch mindestens doppelt so schnell laufen!"

So geht es uns ja auch, wenn wir versuchen, das vielzitierte „Internet-Tempo" mitzugehen. Wir laufen und laufen, aber wenn wir uns umschauen, scheint alles so zu sein wie zuvor. Und dennoch sind wir weiter, denn das Leben im Land hinter dem Bildschirm hat die Welt im Diesseits in den letzten 15 bis 20 Jahren schon so sehr verändert, dass wir sie kaum wiedererkennen würden, wenn wir wieder zurückgehen und vergleichen könnten. Aber wir sind ja in der Zwischenzeit selbst ganz andere Menschen geworden, und so halten wir das, was wir hier und heute sehen, für ganz normal.

Ich habe in den letzten 20 Jahren das große Glück gehabt, mich als Internet-Journalist, als Kolumnist, als Kommentator, als Fernsehmoderator und als Blogger mehr oder weniger hauptberuflich in der Welt hinter dem Bildschirm aufzuhalten und von dort sozusagen „live" zu berichten. Ich habe so Gelegenheit bekommen, im Laufe der Jahre eine Reihe von Einsichten und Erkenntnissen zu sammeln und aufzuschreiben, die zusammengenommen eine Art Chronik der Veränderung darstellen, ein Vogelperspektivenblick auf Menschen, die da unten das große Spiel des Lebens nach Regeln spielen, die sich laufend ändern. Ja, es ist die Technik, die diese Veränderung antreibt: Vernetzung und Digitalität, E-Mail, Handy, YouTube oder Twitter. Die Menschen sind aber die gleichen – beziehungsweise eigentlich sind sie inzwischen andere geworden. Und diese langsame Metamorphose wird weitergehen, denn wir haben eine Entwicklung angestoßen, die sich nicht mehr umkehren lässt. Wir können uns nur festhalten und im großen Strom des Internet-Zeitalters mit schwimmen.

Dieses Buch soll auch so eine Art von Spiegel sein; eine, die uns gestattet zu erkennen, wie weit der Weg schon ist, den wir gegangen sind, und der uns ahnen lässt, wohin die Reise geht. Vor allem aber ist es eines: Die Gelegenheit zu einer kleinen Rast, zum Ausruhen, sich Umschauen und die Aussicht genießen. So eine Verschnaufpause tut uns allen gut, denn die Reise in die digitale Zukunft wird noch abenteuerlich genug.

*

Die kurzen Essays und Beiträge in diesem Buch stammen aus meinem Blog, *www.cole.de*, den ich seit 1995 führe. Ich bin damit vielleicht der dienstälteste Blogger Deutschlands, nur gab es damals den Ausdruck „Blog“ noch gar nicht. Also habe ich es mein „Online-Tagebuch“ genannt. Ich denke, vieles von dem, was ich im Laufe der Jahre wert gefunden habe, aufzuschreiben und zu kommentieren, ist auch heute noch brandaktuell. Auf jeden Fall aber ist daraus ein Dokument der Zeitgeschichte entstanden, aus dem der eine oder andere Leser vielleicht Erinnerungen schöpft oder Anregungen für die Zukunft.

In diesem Sinne eine angenehme und spannende Lektüre!

LEBEN UND TOD IM NETZ

Wie geht der Mensch im Internet mit seinen intimsten Gefühlen um?

Vom Golfspiel sagen eingefleischte Anhänger, es sei keine Sache von Leben und Tod – es sei in Wahrheit viel, viel wichtiger… Vielleicht gilt das auch fürs Internet. Jedenfalls kann ich mir kein Leben mehr ohne Internet vorstellen. Die Welt hinter dem Bildschirm hat inzwischen für alle Lebensbereiche Relevanz, und sogar über das Leben hinaus. Aber wie nimmt das Internet Einfluss auf unsere intimsten Augenblicke? Nein, ich meine nicht Sex, oder jedenfalls nicht nur. Ich meine den Moment, an dem ein Kind geboren wird oder ein Mensch stirbt. Welche Rolle spielt das globalste aller Medien bei derart persönlichen und deshalb zwangsläufig recht lokalen Ereignissen? Wie teilt sich jemand mit in einer Situation, die geradezu nach Mitteilung und Selbstausdruck schreit? Früher hat der glückliche Vater, den die Nachricht von der erfolgreichen Niederkunft seiner Frau erreichte, dicke Zigarren an die Freunde und Kollegen verteilt. Heute schickt er oft Minuten nach der Geburt die ersten Fotos eines winzigen, etwas schrumpeligen Lebewesens, das mit zusammengekniffenen Augen abschätzig seine neue Lebensumgebung mustert, als E-Mail-Anhang an sämtliche Outlook-Kontakte oder stellt das verschwommene Live-Video vom Geburtsvorgang gleich bei YouTube ein. Trauergäste twittern bei der Beerdigung. „O tempore, o mores!“, rufen da die Internet-Skeptiker, „geil!“ die Hardcore-Onliner.

Beide liegen falsch. In Wirklichkeit handelt es sich um einen ganz normalen Vorgang. Der Mensch ist ein Kommunikationswesen, der Drang, sich mit anderen auszutauschen, liegt ihm im Blut. Der Neurowissenschaftler Prof. Thomas Fuchs behauptet, dass wir Menschen nur im sozialen Kontext denken können. Er beschreibt das Gehirn als ein „Beziehungsorgan" und vergleichet das Denken mit dem Atmen: So wie die Atmung die Luft, so braucht seiner Meinung nach das Denken die soziale und kommunikative Umgebung. Denken erfordert immer Selbstreflexion, und die dazu nötigen Reflexionsschleifen holen wir nicht aus uns selbst, sondern aus der Interaktion mit anderen. So gesehen kann man sagen, dass uns das Internet hilft zu denken. Es ist damit ein Teil des wohl menschlichsten aller menschlichen Vorgänge, wie es schon der alte Descarte mit seinem „cogito, ergo sum!" beschrieb: Ich denke, also bin ich.

Im Internet gibt es alles, was es sonst im Leben auch gibt: Schönes und Schlimmes, Gutes und Böses, nette Menschen und Stinkstiefel, ehrliche Menschen und Betrüger. Und die Probleme, mit denen man sich im Internet beschäftigt, sind häufig die gleichen wie im richtigen Alltag auch. Um solche Alltagsprobleme geht es hier, um Liebe und Leid, um Zärtlichkeit und Zuneigung, um Leben und Leiden. Sie alle haben eine Dimension, die bis ins Internet reicht, und das Internet hat die Art und Weise verändert, wie wir sie erleben. Und dennoch sind es immer noch die alten, urmenschlichen Gefühle, die uns bewegen, dies und jenseits des Bildschirms.

DER ALLERERSTE TWEET

Pyramus und Thisbe im Internet-Zeitalter

Alle reden ja von Twitter und der radikal verknappten medialen Ausdrucksform, die praktisch über Nacht die Welt im Sturm erobert hat. Twitter kommt mit absolut minimalen Mitteln aus, lässt aber trotzdem Raum für große Worte. Und ich habe sie erfunden! Jawohl, ich war derjenige, der diese schnell aus der Hüfte geschossene Art der Kurzkommunikation mittels eines eigentlich dafür nicht vorgesehenen Mediums entdeckt und eingesetzt hat. Nur dass meine Erfindung nie zu solchem Ruhm gelangt ist wie Twitter. Eigentlich ist sie ganz in der Familie geblieben.

Das kam so: 1984 hatte ich mein Büro in Fellbach, ein etwas verschlafener Vorort der nicht ganz so verschlafenen Schwabenhauptstadt Stuttgart. Im Stuttgarter Büro der Österreichwerbung arbeitete eine junge Dame mit langen roten Haaren, die für die Journalistenbetreuung eingeteilt war. Mit der Zeit hatte ich ihre Betreuung so zu schätzen gelernt, dass der Wunsch in mir entstand, zeitlebens so umsorgt zu werden. Ich machte ihr also einen Heiratsantrag, sie nahm an, und wir verlebten jene wunderbar verliebte Wochen und Monate, an die man sich selbst nach einem Vierteljahrhundert erinnert, als sei es gerade gestern.

Im Büro meiner Angebeteten stand damals ein Telexgerät, ein unförmige Kiste von der Größe eines Kühlschranks, das wie ein dumpf brütendes Ungeheuer in der Ecke hockte und sporadisch zu klappernder Geschäftigkeit erwachte, wenn wieder mal eine

Nachricht aus Wien oder sonstwoher eintraf. Dieses Monstrum hatte die Kennung „721432 oefws d". Diese musste man wählen, um eine Verbindung herzustellen.

Zufällig traf es sich, dass auch ich kurz zuvor eine solche Maschine für mein eigenes Büro erworben hatte. Schließlich war das ja damals Stand der Technik, und ich wollte ganz vorne mit dabei sein. Mein Gerät hatte die Kennung „7254738 msx d", und sie stand direkt neben meinem Schreibtisch, was sehr störte, wenn ich gerade telefonierte, wenn ein Telex herein kam. Da ich mir damals aber nur ein sehr kleines Büro leisten konnte, lernte ich damit zu leben.

Und wie das nun mal so ist bei Jungverliebten, haben meine Angebetete und ich tagsüber häufig telefoniert, beispielsweise um uns zu verabreden, um irgendein Erlebnis zu teilen oder auch nur, um uns gegenseitig süße Nichtigkeiten ins Ohr zu flüstern. Da wir aber beide ziemlich viel zu tun hatten, war die Leitung öfter auch mal besetzt.

In diesem Lebensabschnitt spürt man aber bekanntlich einen stetes Drang nach Nähe und Austausch mit dem geliebten Gegenüber, und so passierte es eines Tages, dass mein Telex plötzlich ansprang, ohne gleich los zu rattern. Stattdessen begann jemand auf der anderen Seite, langsam und zögernd etwas einzutippen. Sonst kamen die Texte ja wie aus dem Maschinengewehr geschossen, denn das Gerät besaß einen Lochstreifenleser. Man speicherte seine Texte auf diesem Medium und ließ sie anschließend am Stück durchlaufen, was teure Verbindungszeit sparte.

Hier war aber offenbar ein Mensch am Werk, der zu mir wollte. Ich riss also das Blatt heraus und las die Worte: „Du telefonierst aber lang! Was ist mit Abendessen beim Italiener? Bussi!"

Ich schaute auf den Absender, und da stand doch tatsächlich: 721432 oefws d. Da wusste ich: Das war die junge Dame mit den roten Haaren. Ich setzte mich also gleich hin und tippte eine mehr oder weniger zusammenhängende Erwiderung ein. Und am Abend beim Italiener haben wir herzlich gelacht darüber, wie wir ein hochprofessionelles modernes Kommunikationssystem, sozusagen die Krone der damaligen technischen Schöpfung, zu etwas so Profanem missbraucht hatten wie eine klandistine Verabredung.

In den Wochen, die folgten, war die Telefonleitung immer wieder besetzt, und wir bedienten uns deshalb immer häufiger des Telexes. Das meiste von dem, was wir tippten, war herrlicher Unsinn: Dinge wie „du bist eine quasselstrippe" oder „du lugenbeutel wolltest doch schon längst zu Hause sein", oder auch nur ein zartes „ich liebe dich (arz?)". Das Telex kannte leider damals keine- Ausrufezeichen, also behalfen wir uns eben mit einer Abkürzung, so wie man heute kleine lachende Gesichter, die so genannten „Smilies", in seine Mails einfließen lässt…

Wir hielten uns per Telex ständig auf dem Laufenden, etwa als ich tippte: „unterhalte mich gerade mit hartmut [mein leider viel zu früh verstorbener Freund Hartmut Dirks aus Emden – „siehe Seite 36] er laesst gruessen. ohne nen korn sei ein bier ja so trocken." Oder wir teilten unsere Entdeckungen miteinander, etwa „weisst du eigentlich, dass es in heidelberg eine plunschlistrasse gibt?".

Es entspannten sich auch herrlich surreale Dialoge wie dieser:

721432 oefws d: bist du am platze?

7254738 msx d: wie bitte?

721432 oefws d: warum?

7254738 msx d: stelle bitte praezise fragen

7254738 msx d: kann ich nicht

7254738 msx d: dann stelle eben oesterreichische fragen

Aber irgendwann musste ja der Ernst des Lebens weitergehen, und ich verabschiedete mich mit einem flotten „also lieber schatz, genug des witzes. i.l.d.“ Und damit war zwischen uns eigentlich alles gesagt.

Das ging eine Weile so, bis schließlich mit dem 4ten Oktober 1985 der große Tag kam und wir vor den Standesbeamten traten. Als wir herauskamen, hatten unsere Freunde den Brunnenplatz vor dem Standesamt in Stuttgart-Wangen in ein Freiluft-Buffet verwandelt, komplett mit Champagnerkellnern und einem großen Gabentisch, auf sich die Hochzeitsgeschenke türmten. Eines davon war so groß wie ein Plakat, und als ich das Papier wegriss, kam ein Bilderrahmen zum Vorschein, in dem eine Collage aus Telexnachrichten steckte. Meine Sekretärin hatte hinter meinem Rücken die Durchschläge unsrer heimlichen elektronischen Korrespondenz gesammelt und zusammen mit unserem Grafiker ein Kunstwerk geschaffen, das eigentlich ein Denkmal der menschlichen Fähigkeit darstellt, unter allen Umständen und mit jedem zur Verfügung stehendem Mittel zu kommunizieren.

Die Collage hängt bis heute an unserer Wand, und auch wenn die roten Haare etwas grau geworden (und meine eigenen inzwischen verschwunden sind), so stehen wir immer noch ab und zu zusammen vor dem Bilderrahmen und lachen über die jungen Kindsköpfe von damals und ihre völlig durchgeknallte Art der Kommunikation.

Ich habe meine Frau noch nicht zum Twittern überreden können. Sie scheut sich, diese zutiefst intime Form des öffentlichen Austauschs über ein Netzwerk zu betreiben, dem sie im Grunde ihres Herzens immer noch misstraut. „Was ist, wenn das plötzlich öffentlich alle sehen", fragt sie mich. Ich versuche sie zu beruhigen, das System sei doch sicher, und dann fragt sie mich, wie sicher E-Mail sei, und ich muss an den alten Spruch denken: „Schreibe niemals etwas in eine Mail, das du nicht auch auf eine Postkarte schreiben würdest." Vielleicht hat sie ja recht. Im Grunde habe ich keine Ahnung, wie sicher Twitter ist. Ich nehme an, Sie auch nicht, aber das stört uns ja nicht, weil wir ja nur fröhlich drauflos twittern wollen und uns einen Teufel drum scheren, was am Ende damit passiert. Hauptsache, wir kommunizieren.

Richtig wehmütig wurde mir übrigens als ich vor ein paar Jahren las, der Telexdienst in Deutschland werde zum 31. Dezember 2007 eingestellt. Österreich hatte schon ein Jahr früher die alten Leitungen gekappt. Auch wenn ich seit 20 Jahren nicht mehr davor gesessen bin, finde ich die Vorstellung traurig, dass es die alten Klapperkisten nicht mehr gibt. Was bleibt, ist die Erinnerung – und natürlich Twitter.

(10.3.2009)

AMOR UND DAS INTERNET

Per Mausklick in das große Glück

Liebe ist machbar, Frau Nachbar, und zwar mehr denn je seit es das Internet gibt. Vielleicht sogar erst richtig, seit es das Internet gibt. Denn vorher war die notwendige Voraussetzung für Liebemachen, nämlich die Partnersuche, komplett dem Zufall überlassen. Und selbst wenn man die Passende gefunden hatte, galt es ja noch das eigentliche Hauptproblem zu lösen, nämlich die Frage: Wie kriege ich sie rum? Dazu hätte man die Dame ja erst einmal ansprechen müssen, aber es ist nun mal nicht jedem die Gabe der flüssigen Rede gegeben. Und so saß man halt weiterhin alleine vor seinem Bier und dachte an Karl Valentin und seinen Spruch: „Möchten hätten wir schon gewollt, nur dürfen haben wir uns nett getraut…"

Und heute: Flink die Computermaus gezückt und dann ran an die Mäuschen! Das Online-Geschäft mit der Liebe boomt, Trotz Finanz- und Wirtschaftskrise machen Singlebörsen, Partnervermittlungen, Dating-Portale und Seitensprung-Dienste mehr Umsatz als je zuvor. Henning Wiechers, der als profunder Kenner der Branche gilt, schätzt, dass die Deutschen letztes Jahr mehr als 160 Millionen Euro für derartige Dienste ausgegeben haben, 20 Millionen mehr als im Vorjahr. Mehr als 2.000 einschlägige Angebote listet seine Website „singleboersen-vergleich.de" auf, wobei die größten wie Neu.de, Parship oder Friendscout24 (Motto: „Wir verlieben dich!") längst Millionen von Menschen bei der Suche nach Zuneigung, Zärtlichkeit, Geborgenheit oder von mir aus auch nur wildem Sex behilflich sind. Und sie sind sehr, sehr erfolgreich – wirtschaftlich, jedenfalls.

Es ist auch ganz klar warum. Partner-Portale leisten einen unverzichtbaren Dienst, weil sie das störende Element des Zufalls bei der Liebessuche ausschalten. Statt stundenlang in einer rauchigen Kneipe zu sitzen in der Hoffnung, die Tür geht auf und SIE kommt rein, sitzt man zu Hause gemütlich am PC und sichtet erst mal so das Tagesangebot.

Das heißt: Zu allererst einen Benutzernamen aussuchen. „Tim Casanova" klingt doch vielversprechend, oder? So, und nun das Wichtigste: Männlein oder Weiblein? Oder ist das vielleicht egal? Jetzt zur Grundausstattung: Blond? Brünette? Vielleicht doch lieber eine Rothaarige? „Mögen Sie einen bestimmten Typ?", fragt die Maschine und fordert mich auf, das Aussehen meines Wunschpartners im Detail zu beschreiben. „Schlank"? „Athletisch"? „Ziemlich stattlich?" Oder vielleicht doch lieber ganz „normal"? Augenfarbe, Erscheinungsbild („modisch", „lässig", „alternativ"), langsam engen wir die Auswahl ein.

Aber nicht so hastig, es gibt ja außer dem schönen Schein noch die eher profanen Dinge zu klären: Familienstand, Kinderwunsch, Schulabschluss, eigener Haushalt vorhanden. Irgendwie war das früher einfacher. „Zu dir oder zu mir?" – fertig! Ach, wie waren wir naiv damals…

Ja, und dann noch die wichtigste Frage von allen: das Einkommen! Wer hier „bis 13.000" ankreuzt, hat wahrscheinlich schon verloren. Also vielleicht lieber „71.000 und mehr"? Aber was ist, wenn die Holde beim ersten Treff die Steuererklärung sehen will? Da kann Amor noch so um sich schießen, an der Libido-

Front bleibt alles ruhig. Stimmt die Kohle, können wir uns noch um die Details kümmern wie zum Beispiel die Frage nach dem Raucherstatus („regelm. Raucher“, „gelegentl. Raucher“, „Nichtraucher“), nach dem Fitnesslevel („topfit“, „gut in Form“, „untrainiert“) und der Lieblingsküche („Italienisch“, „Asiatisch“, „gutbürgerlich“). So, damit ist doch eigentlich alles gesagt, nicht wahr? Oder sollte ich vielleicht doch einen richtigen „wissenschaftlichen Persönlichkeitstest“ machen, damit der Computer mir genau sagt, wer zu mir passt und umgekehrt? Vielleicht besser nicht. Ich will die Wahrheit eigentlich gar nicht wissen…

Die Jungen haben es da leichter. In der Liste von Henning Wiechers finden sie Online-Börsen für jeden Geschmack: „Blind-date-Events“, „Singlereisen“, „Osteuropa-Kontakte“, „Gay-Dating“, natürlich auch Spezial-Singlebörsen beispielsweise für Menschen mit Behinderungen, mit Kids oder mit ausgeprägten religiösen oder sexuellen Vorlieben („Fetisch-Sexpartner“, „Swinger-Clubs“). Außerdem gibt es nützliche Service-Angebote wie „Top 10 Singlefilme“, „Buchtipps für Singles“ sowie ein „Glossar Online-Dating“, damit man im entscheidenden Moment die richtigen Worte findet.

Denn dieses Problem kann einem auch die beste Single-Börse nicht abnehmen: Irgendwann muss man sich leibhaftig treffen, wenn es zum großen Glück oder von mir aus auch nur zum kurzen Schnacksler kommen soll. Und da kann alles am Ende noch in die Hose gehen (Verzeihung, vielleicht sollte ich das anders formulieren…) wenn man keine Ahnung hat von, na was schon, vom Flirten, natürlich! „Du kannst die tollste Frau der Welt kennenlernen und trotzdem komplette Scheiße bauen wenn du nicht weißt, was du ihr sagen sollst“, glaubt Mark

Brooks, ein Brite, der sich als „Online Dating Consultant" bezeichnet. Er arbeitet für die Firma „Love Systems", und sein Job ist es, Leuten das Aufreißen beizubringen. Bei ihm sitzen meist erwachsene Männer in der Schulbank und pauken Humor. Das Fach heißt tatsächlich „How to be funny". Brooks bietet auch Kurse in Selbstbewusstsein, persönliche Finanzen und Zähneputzen an. Für einen dreitägigen „Boot Camp" verlangt er 3000 Pfund. Die Nachfrage ist enorm.

Auch in Deutschland gibt es Seminare für Leute, die im Internet auf Partnersuche sind und fürchten, in der Stunde der Wahrheit zu versagen. Ein gewisser Axel J. Grätzner verspricht über seine Website „flirterfolg.de" zum Beispiel „500% mehr Erfolg beim Objekt der Begierde" und verrät „geheime Flirt-Tricks bei Mail, Chat & Brief". Er bietet allerdings auch Seminare an zum Thema „Finanzielle Freiheit – wie Sie ohne Risiko 10-12% Zinsen für ihr Geld schaffen", also ist er entweder ein Allroundtalent oder ein Scharlatan. Immerhin ist er selber offenbar von seinen Fähigkeiten überzeugt, denn er offeriert nichts weniger als eine „sensationelle Methode und psychologische Kniffe, die Ihnen die Augen öffnen werden. Garantiert!"

Ich kann da nur vom Glück reden, dass ich seit 25 Jahren bestens verheiratet bin, wobei ich meine Frau noch ganz altmodisch ohne Internet gefunden habe. Ich gebe zu, dass es ein Glückstreffer war. Wer weiß, was wäre, wenn ich heute noch einmal von vorne anfangen müsste. Wie sagt meine Frau doch immer: „Wenn einer von uns stirbt, gehe ich in die Schweiz." Vielleicht ginge sie besser ins Internet.

(30.12.2009)

DIE INTERNET-ADRESSE FÜR NEUGEBORENE

Bald hat jeder von uns eine digitale Lebensakte

Vergessen Sie die alte Geburtsurkunde: Die Babies von Morgen werden eine eigene Internet-Adresse bekommen. So jedenfalls stellt sich das Wendy Hall von der Southhampton University vor. Und sie sollte es eigentlich wissen, denn sie ist eine langjährige enge Vertraute und Kollegin von Sir Tim Berners-Lee, dem berühmten „Vater des World Wide Web".

Laut Hall wird jedes Neugeborene in Zukunft irgendeine Form von digitaler Identität bekommen, die später mitwachsen und seine Entwicklung vom Kind zum Erwachsenen wiederspiegeln wird. Hall verwendet dafür das Kürzel „URI" (für „Universal Resource Identity"), was eine durchaus beabsichtigte Ähnlichkeit hat mit dem Begriff des „Universal Resource Locator" oder URL, wie die Internet-Adresse von Webseiten unter Fachleuten heißen.

Sie stellt sich vor, dass alles, was der Mensch online tut, irgendwo unter seiner URI gespeichert wird. So entstünde über Zeit eine Art digitale Lebensakte, in der zum Beispiel sämtliche amtlichen Dokumente wie Geburtsurkunde, Schulzeugnisse, Führerschein, Heiratsurkunde oder Testamente aufbewahrt würden, dazu Familienfotos, Urlaubsvideos und andere persönliche Erinnerungen, sofern sie in digitaler Form vorliegen. Diese Akte oder Teile davon sollte der Mensch später sogar an seine Nachkommen vererben können, die dann vermutlich an langen Winterabenden darin blättern sollen („guck mal, das ist Opa beim Surfen!“).

Wer sich im ersten Moment bei dem Gedanken unwohl fühlt, jedesmal, wenn er online geht, einen „digitalen Fußabdruck“ zu hinterlassen, sollte sich bewusst machen, dass er das auch heute schon tut. Der Unterschied ist nur, dass wir es in der Regel gar nicht mitbekommen. Der Reiz von Halls URI-Konzept ist, dass endlich mit offenen Karten gespielt wird: Als User weiß ich ganz genau, was über mich für Informationen gesammelt und gespeichert werden, und ich habe die Kontrolle darüber.

„Die Leute merken langsam, wie leicht es ist, ihre Identität zu klauen“, sagt Hall. Es sei wichtig zu wissen, welche digitalen Spuren wir tagtäglich hinterlassen und sie ordentlich zu sichern. „Stellen Sie es sich vor wie eine Bank, zu der Sie ihr Geld hinbringen, damit es sicher ist“, meint sie. Unsere digitalen Vermögenswerte sind heute genauso wertvoll wie unsere Finanzwerte und müssten mit der gleichen Sorgfalt geschützt werden. Andererseits wird der Mensch in einer vernetzten Welt zunehmend über seine digitale Identität definiert werden. Sie sieht darin auch eine große potenzielle Chance für Dienstleister, die uns dabei helfen werden, unsere digitale Lebensakte zu pflegen, auf dem neuesten Stand zu halten und vor unerwünschtem Zugriff zu schützen.

Für Hall wirft digitale Identität ähnlich schwerwiegende und kontroverse ethische Fragen auf wie die Stammzellenforschung mit menschlichen Embryonen. In beiden Fällen bedarf es eines gesamtgesellschaftlichen Konsenses, und in beiden ist der Staat aufgefordert, einen regulatorischen Rahmen zu schaffen um Wildwuchs und Missbrauch weitgehend einzudämmen. Da sich aber andererseits staatliche Stellen selbst bislang häufig als wenig vertrauenswürdig erwiesen haben (Stichwort: Bespitzelung aller Amerikaner durch das NSA), fordert sie die Einrichtung von nichtstaatlichen Aufsichtsgremien, ähnlich der britischen Human Fertilisation and Embryology Authority, die in besonders kniffeligen Fragen das letzte Wort haben soll. Wie sagte der alte Lateiner: „Quis custodiet ipos custodes?“ – wer schützt uns vor unseren Beschützern?

„So wie ein Embryo potenziell ein menschliches Leben ist, so wird die digitale Identität immer mehr ein Teil von uns sein“, sagt Hall. Es geht um so elementare Dinge wie Gesundheitsinformationen, Ausbildungsnachweise, Besitzurkunden und nicht zuletzt um emotional befrachtete Dinge, die an unser ureigenes Innere rühren. Die digitale Identität – das sind wir selbst! So, wie wir den Staat als Garant unserer körperlichen Unversehrtheit sehen, werden wir in Zukunft auch das Recht auf Schutz unseres digitalen Ichs erwarten und verlangen.

(6.11.2001)

DIREKTER DRAHT NACH OBEN

Wer wird Schutzheiliger des Internet?

Die Frage, wer Schutzheiliger des Internet werden soll, wird dem Vernehmen nach hinter den Mauern des Vatikans mit Inbrunst diskutiert. Neben dem Erzengel Gabriel gilt der Heiligen Isidor von Sevilla (ca.560-636) als fast schon prädestiniert, galt sein 20-bändiges Lebenswerk, die „Etymologiae", doch fast 1000 Jahre lang als die „Summa des universellen Wissens", also quasi als das Google des Spätmittelalters. Doch nun ist im holländischen `s-Hertogenbosch ein neuzeitlicher Außenseiter aufgetaucht, der womöglich beim Rennen um das Online-Patronat die Nase vorne haben wird.

Zur Vorgeschichte: 1997 beschloss das Domkapitel des Bistums, die 1220 fertiggestellte und mittlerweile doch etwas in die Jahre gekommene Kathedrale einer Generalsanierung zu unterziehen. Besonders traurig fanden Passanten den Anblick gewisser Heiligenstatuen, die von Wind und Wetter derart in Mitleidenschaft gezogen worden waren, dass sie als solche gar nicht mehr zu erkennen waren, sondern eher zufällig geformten Stalagmiten aus Sandstein ähnelten. In einer Ausschreibung setzte sich der holländische Bildhauer Tom Mooy gegen starke Konkurrenz durch und erhielt den Auftrag, insgesamt 40 Steinfiguren zu schaffen, darunter 14 Engel, um die verwitterten Vorgänger zu ersetzen.

Mooy nahm seinen Job sehr ernst und machte sich auch tiefschürfende Gedanken über Sinn und Zweck seines Exerzitiums mit Hammer und Meißel. Engel, so behauptete er in einem Interview, seien da, um den Menschen Führung zu geben und sie zu beschützen. Ihre Anweisungen dazu erhalten sie direkt von oben in Form von himmlischen Botschaften. Allerdings ist zumindest kanonisch ungeklärt, wie sie diese Botschaften empfangen, respektive wie sie bei eventuell auftretendem Klärungsbedarf (selbst Heilige haben, wie wir aus den Schriften wissen, gelegentlich Mühe, den himmlischen Ratschluss zu verstehen) eine Nachfrage an die Firmenleitung richten können.

Mooy löste das Problem auf zeitgemäße, und wie ich finde sehr elegante Weise: Er gab einem seiner Engelsgestalten ein Mobiltelefon in die Hand. Der Kleine Engel, wie er inzwischen im Volksmund genannt wird, soll auf ewig über die Dächer von `s-Hertogenbosch hinweg blicken, erhaben und gelassen, ein Handy ans linke Ohr gepresst, versunken und andächtig der Stimme des Herren lauschend, die vom Himmel hoch daher kommt, vermutlich über eine Art himmlisches GSM-Netz. Hier von einem „direkten Draht nach oben“ zu sprechen, verbietet sich natürlich von selbst, denn die Dame (sind Engel eigentlich weiblich oder doch eher androgyn?) telefoniert ja drahtlos.

So weit, so nett: Ein Himmelsbote, der (die? das?) zu allem Überfluss noch eine hautenge Jeans trägt, mag als Symbol des sich wandelnden Zeitgeists ja gerade noch durchgehen. Doch was dann geschah, ähnelt eher einer sehr irdischen Posse, in der die Kirche leider ein sehr schlechtes Bild abgibt. Jedenfalls werden sich all diejenigen bestätigt fühlen, die ihr vorwerfen, eher dem schnöden Mammon zu huldigen als nach dem Seelenheil zu streben.

Es begann damit, dass ein in der Nachbarschaft ansässiges Ehepaar beschloss, dem Flügelwesen auch einen Zweitanschluss im Hier und Heute zu geben. Es ließ Aufkleber und Visitenkarten drucken, die es in den umliegenden Kneipen, Restaurants und Hotels verteilten und auf denen ein Bild des Kleinen Engels zu sehen war, daneben eine Telefonnummer. Gleichzeitig eröffneten es dem Engelchen einen Twitter-Account.

Offenbar haben viele Menschen das Bedürfnis nach himmlischem Rat. Auf Twitter hat @ut_engelke jedenfalls schon mehrere Tausend Follower. Und das Telefon klingelt den ganz Tag, manchmal bis zu 100 Mal, wie die Ehefrau, die lieber ungenannt sein will, einem Reporter der New York Times anvertraute. Ja, es waren auch Witzbolde dabei, auch aufgebrachte Kirchenanhänger, die hinter der Nummer mit der Nummer einen Fall von Gotteslästerung vermuteten. Andere wollen sich über Kindesmissbrauch oder über die Bigotterie der Kirchenoberen beschweren.

Es rufen aber auch Kinder an, die wissen wollen, was Engelchen isst und ob ihm nicht manchmal kalt sei da oben auf dem Kirchturm. Ein zwölfjähriges Mädchen rief an, um Engelchen zu bitten, ein gutes Wort für ihre kürzlich verstorbene Großmutter einzulegen. Und eine Mutter legte telefonisch Fürbitte für ihre toten Kinder ein. Eine 80jährige Witwe aus Amsterdam habe angerufen, um über ihre Einsamkeit zu klagen. Sie komme nicht mehr raus, es sei niemand da, der für sie einkaufen geht, und zu allem Überfluss tropfe der Wasserhahn in der Küche. Sie habe inzwischen ihren Glauben an die Menschlichkeit verloren und in ihre eigene Familie. Am liebsten wolle sie Schluss machen. Die Ehefrau sagte ihr, was sie allen sagt, nämlich: „Ich werde dir etwas Engelstaub zu blasen." Zwei Wochen später habe die alte Dame nochmal angerufen, um sich bei Engelchen zu bedanken: Es ging ihr inzwischen viel besser, und der Wasserhahn sei auch repariert.

Für ihre Tätigkeit als Amateurseelsorger verlangt das Ehepaar nichts, und sie haben zwischendurch auch schon mal überlegt, die Nummer abschalten zu lassen, weil das alles doch ein bisschen viel geworden ist. Sie wollen aber doch noch weitermachen – und zwar aus Trotz. Denn ihr irdisches Tun hat den Zorn von Engelchens weltlichen Besitzern erregt.

Die Kirchenoberen ließen kürzlich eine eigene Telefonnummer für Engelchen anmelden und nehmen dort sozusagen offiziell Anrufe entgegen. Der Gottes-Dienst ist aber leider nicht ganz umsonst: Pro Minute fallen Gebühren von rund 80 Cents an. Ein Schild an der Kirchenmauer weist Passanten auf die neue Nummer hin, Wer anruft, hört eine Tonbandstimme, die sagt: „Für Informationen über die Geschichte der Kathedrale, drücken Sie bitte eins, um mehr über die christliche Botschaft zu erfahren, drücken Sie bitte zwei". Wer direkt mit dem Heiligen Geist verbunden werden will, muss wohl auf gut Glück irgendeine Nummer wählen. Gott weiß ja alles, also wird er vermutlich auch die richtige Verbindung herstellen können.

Nun gut, so eine Kathedrale in Schuss zu halten ist nicht billig. Angeblich sind dafür Jahr für Jahr rund 700.000 Euro fällig, und da versteht man, wenn die Kirche will, dass alle Mitarbeiter ihr Scherflein beitragen, auch Engelchen.

Einstweilen aber bleibt Engelchen erst mal unter der ursprünglichen Nummer erreichbar. Denn für eine echte menschliche

Stimme gibt es in manchen Situationen doch keinen richtigen Ersatz. So läutete nach dem Tod von Apple-Chef Steve Jobs das Himmelstelefon des holländischen Ehepaars fast ununterbrochen. „Wir haben allen gesagt, dass Steve schon oben angekommen ist“, sagte die Ehefrau einem Reporter. Und fügte hoffnungsvoll hinzu: „Vielleicht schickt er uns allen ein neues Modell vom iPhone.

Keine Frage, also: Engelchen wäre ein ganz toller Schutzpatron für uns Onliner. Sollte es allerdings schlussendlich am Urheberrecht scheitern, ich bin sicher, Steve würde auch den Job gut machen.

(9.3.2012)

CYBERSEX UND MENSCHWÜRDE

Mein PC ist ein Teil von mir

Der Computer ist ein „ausgelagerter Teil des Körpers", sagt das Verfassungsgericht. Fragt sich nur: welcher?

Richter haben oft den Ruf, etwas altmodisch und realitätsfern zu sein. Jedenfalls gelten sie nicht gerade als technologische Trendsetter. Zu Unrecht, wie sich herausstellt: In Wirklichkeit sind sie ihrer Zeit sogar voraus. Winfried Hassemer, zum Beispiel, der ehemalige Vizepräsident des Bundesverfassungsgerichts, der in einem Interview der „Süddeutschen" zum Thema Datenschutz und Privatsphäre einmal sagte: „Der Computer ist bei vielen ein ausgelagerter Teil des Körpers."

Nun ist es zwar richtig, dass die amerikanische Lebensmittelüberwachungsbehörde schon 2004 die implantierte digitale Patientenakte „VeriChip" freigegeben hat. Es handelt sich um einen so genannten RFID-Chip, ein digitaler Datenspeicher, der mittels eines kleinen Scanners durch die Haut hindurch ausgelesen werden kann. Das ist sehr hilfreich, wenn man etwa nach einem Autounfall bewusstlos daliegt und die Frage des Notarztes nach Blutgruppe, etwaige Medikamentenunverträglichkeiten oder den Namen der Krankenkasse nicht beantworten kann. Leider sind die Daten auch für Hacker relativ einfach zugänglich, was den Markterfolg des Systems selbst im Technik-Traumland Amerika etwas gebremst hat.

Dass allerdings umgekehrt Körperteile in den PC ausgelagert werden, zählte bislang eher zum Stoff für Science Fiction-

Romane. Eigentlich schade, denn ich hätte ein paar Körperteile, die ich ganz gerne auslagern würde. Fangen wir mal bei der Leber an, die zumindest bei mir gut und gerne etwas Computerunterstützung vertragen könnte. Meine Nieren funktionieren dagegen zum Glück ja noch ganz gut, aber da gibt es schon lange die Möglichkeit, sich an ein Dialysegerät zu hängen, das auch nichts anderes ist als eine Filteranlage, die per Computer gesteuert wird.

Wie wäre es mit dem Bewegungsapparat? Ich träume schon lange von einem Gerät, das mir die Mühe des Fitnesstrainings abnimmt, etwa durch gezielte Stimulation von Muskelgruppen. Der Waschbrettbauch als Download, Fettverbrennung per Stapelverarbeitung, Bizeps per Mausklick – eine feine Sache!

Was die primären und sekundären Geschlechtsmerkmale angeht, so hat die Computerrevolution dort längst begonnen. „Cyberdildonics“ ist eine Unterdisziplin der Informationstechnologie, bei der es um die computerisierte Fernsteuerung des Lustbepfindens mittels Sensoren und Stimulatoren an besonders empfindlichen Körperstellen geht. Sie wird seit Jahren in gewissen Kreisen mit wachsender Begeisterung praktiziert. Ich kann mich noch gut an eine Cybersex-Messe in Frankfurt erinnern, auf der sich in Latex gehüllte und mit Drähten gespickte Paare fernliebten. Für Sadomacho-Freunde gab es damals schon die Variante mit spitzen Nadeln, um sich gegenseitig mittels Tastaturbefehle am Po (oder sonst wo) zu piksen.

Ich mag meinen Sex, ehrlich gesagt, noch analog, und ich denke deshalb nur fröstelnd an diesen Messebesuch zurück. Aber wenn wir schon beim Erinnerungsvermögen sind: Wie toll wäre es, wenn wir Teile unseres Denkapparats auslagern könnten. In meiner aktuellen Lebensphase beginnt bekanntlich das Langzeitgedächtnis nachzulassen. Wie schön wäre es, wenn wir in regelmäßigen Abständen einfach eine Backup-Kopie machen könnten! Fehlt dann nur noch der Stirnschlitz für die Memory Card, und schon wissen wir wieder, wann Mama Geburtstag hat und wann es wieder Zeit wird, Blumen für die Gattin zum Hochzeitstag zu bestellen. Am besten jeden Morgen das Gehirn mit Outlook synchronisieren!

Auch für die müden Augen und Finger wäre der Nutzen von Auslagerung immens. Dann könnten die Computer nämlich meine E-Mails gleich für mich lesen und dann auch noch beantworten! Der Ausdruck „Computerkommunikation" bekäme so eine völlig neue Qualität…

Ich hoffe, Herr Hassemer und das hohe Gericht werden mir diese despektierlichen Zeilen verzeihen, zumal er und seine Kollegen durch ihre kürzlich gefällte Entscheidung zugunsten eines Rechts auf eine unversehrte Festplatte – das so genannte Computer-Grundrecht – in meinen Augen höchste Anerkennung verdient haben. Und wer weiß, vielleicht ist seine Vision von der Vereinigung von Mensch und Maschine nicht so weit entfernt.

Der Amerikaner Ray Kurzweil geht ja davon aus, dass es mit Hilfe der Nanotechnik in absehbarer Zeit möglich sein wird, menschliche Gehirnzellen zu bauen und damit Menschen nachzurüsten. Man wird sie, so sagt er, sogar vorprogrammieren können. Was, Sie können noch kein Französisch? Macht nichts: Langenscheidt & Co. werden's schon richten. Und es tut überhaupt nicht weh!

(11.6.2008)

TEST BESTANDEN – PATIENT TOT

Auch das Internet macht niemanden unsterblich

Hurra – ich werde 83 Jahre alt! Oder 78. Vielleicht auch nur 77. Kommt darauf an, welchen Lebenserwartungs-Test ich gerade im Internet gemacht habe. Es gibt nämlich eine ganze Reihe von Websites, die mehr oder weniger ernstgemeinte Online-Fragebögen anbieten, mit deren Hilfe ich herausfinden kann, wann bei mir die Lebensuhr abläuft.

Am längsten würde ich wohl in der Schweiz leben: Die von der Eduard-Auermann-Stiftung betriebene Website *test.gesundheit.ch* bescheinigt mir „mit einer gewissen Wahrscheinlichkeit“ etwa 26 weitere Jahre – vorausgesetzt, ich befolge ein paar gutgemeinte Ratschläge. So hat meine ehrliche Antwort auf die Frage nach dem Alkoholgenuss – 4 Glas Bier (2,5 dl) oder Schnaps (2 cl) normalerweise pro Tag – sofort zu einer Negativbewertung geführt: „Ihre mutmaßliche Lebenserwartung könnte höher sein, wenn Sie Alkohol nur in geringen Mengen konsumieren würden. Versuchen Sie Ihren Konsum auf drei Glas täglich zu beschränken.“ Außerdem soll ich weniger Fett essen. Dafür bekam ich Lob, dass „Sie schon längere Zeit nicht mehr rauchen“ und dass ich mich (als Marathonläufer) „regelmäßig intensiv bewege.“

Die kürzeste Lebenserwartung habe ich in Deutschland. Die Testseite vom Bankhaus August Lenz in München (die allerdings auf Englisch als „longevitytest“ firmiert) gibt mir noch 20 Jahre, macht sich aber Sorgen, ob ich „auch über die finanziellen Mittel“ verfüge, um meinen bisherigen Lebensstandard unbeschwert und in Ruhe genießen zu können. Ganz klar, also, welche Interessen hier vertreten werden: Die wollen nur mein Bestes – und davon so viel wie möglich…

Ähnlich offensichtlich ist die Agenda bei dem – im Übrigen sehr lustigen – „Longvity Game“ der Northwestern Mutual, einem Finanzdienstleister und Versicherer aus dem US-Bundesstaat Wisconsin. Das Spiel hat außerdem den Vorteil, sehr schnell absolvierbar zu sein. Es werden gerade eben ein Dutzend Fragen nach Gewicht, Trink- und Rauchgewohnheiten, Stressmanagement und Autofahrergewohnheiten („Schnallen Sie sich regelmäßig an?“) gestellt, dazu allerdings die für einen Mitteleuropäer eher ungewöhnliche nach dem Konsum von „Unterhaltungs-Drogen“ („recreational drugs“). Na ja, München gilt schließlich als Koks-Hauptstadt Deutschlands, aber woher wissen die das denn? Immerhin: Bis 77 müsste ich deren Meinung nach durchkommen, bevor ich den Hintern zukneife.

Ein anderer Test macht sich nicht nur darüber her, wie alt ich werden könnte, sondern auch über das, was danach kommt. „Wie wir leben und glauben kann Einfluss haben auf unsere Lebensdauer“, schreiben die Betreiber von wholepersoncounseling.org, die nicht nur wissen wollen, ob ich gelegentlich – vermutlich als unrein angesehenes – Schweinefleisch esse, sondern auch, ob ich „sexuelle Sünden“ begangen habe und ob ich den Sabbat heilige. Es fragt sogar, ob ich je den Heiligen Geist belogen habe; vielleicht droht mir ja in diesem Fall ein lebensverkürzender Donnerschlag von oben.

Übrigens war dieser Test der einzige, bei dem am Ende kein eindeutiges Resultat herauskam. Um die Antwort zu bekommen, hätte ich zuerst meine Mailadresse abliefern müssen, was ich nicht getan habe. Womöglich stehen die plötzlich mit der Bibel vor meiner Haustür – oder eine geladene Kalaschnikow…

Den mit Abstand ausführlichsten (Über-)Lebens-Test gibt es übrigens bei der britischen Firma HB Health (*www.hbhealthonline.com*), die sich selbst als der „führende Spezialist-Provider von Anti-Ageing in Europa“ bezeichnet. Mit dem klaren Ziel vor Augen, „Gesundheit, Wellness und höhere Lebensqualität für Menschen jedweden Alters zu fördern”, vertreibt das Unternehmen allerlei Gesichtscremes („Lavender Satin Cleanser“), Analysemethoden („Biological Age Test“) und „Ästhetische Behandlungen“ wie „Mesotherapie“ und „nicht-chirurgische Gesichtsformung“. Der Online-Fragebogen geht denn auch in die Vollen: Der fünfteilige Test verlangt nicht nur detaillierte Auskunft über den derzeitigen Gesundheitszustand (Blutdruck, Cholesterinspiegel), „Taille-Hüft-Verhältnis“ und aktuelle Medikamentierung, sondern auch solche eher psychologischen Faktoren wie Anzahl enger Freunde, Hobbies und Autotyp. Ergebnis: Mit 78 ist bei mir eindeutig Schluss. Wobei am Ende der dezente Hinweis auf die diversen Dienstleistungen des Hauses und damit auf einen potenziellen Aufschub des Termins mit dem Sensenmann natürlich nicht fehlen darf.

Ob es wohl etwas bringt? Immerhin ist bekannt, dass die Zahl der Hundertjährigen in den entwickelten Ländern seit Jahren zunimmt. Königin Elisabeth von Großbritannien verschickt seit ihrer Inthronisierung im Jahr 1952 persönliche Glückwünsche an so genannte Zentenare. Als sie damit anfing, waren es 255 im Jahr. 2005 musste sie genau 4.623 solcher Briefe unterschrieben. Mit einer Lebenserwartung von irgendwo zwischen 77 und 83 sehe ich also (man verzeihe mir das plumpe Wortspiel) ziemlich alt aus.

Aber vielleicht habe ich auch nur den falschen Test gemacht. Forscher um Richard Cawthon von der Universität Utah in Salt Lake City wollen jüngst festgestellt haben, dass schrittweise Verkürzung an den Chromosomenenden, den so genannten Telomeren, für den Alterungsprozess beim Menschen verantwortlich sind. Die britische Wissenschaftszeitschrift „The Lancet" berichtete, dass Teile der Telomere, die die Enden der Chromosomen umschließen wie die Plastikringe an den Enden von Schnürsenkeln, bei jeder Zellteilung verloren gehen. Diese Abfall-Telomere können Chromosomen zu Verbindungen verleiten und so Wucherungen hervorrufen. Eine Folge sind Krebserkrankungen oder Herzkrankheiten, die weitaus häufiger bei älteren Menschen auftreten als bei jungen Menschen.

Mit ihren Untersuchungen konnten die Forscher nun den Zusammenhang zwischen der Abnutzung der Telomere und altersbedingten Krankheiten beweisen. Versuchspersonen mit längeren Telomeren lebten im Durchschnitt vier bis fünf Jahre länger. Die mit kürzeren Telomeren zeigten zudem ein mehr als dreimal so hohes Risiko, an Infektionskrankheiten zu sterben.

Leider fragen die Online-Tester, die mir Gewissheit über meine verbleibende Lebensdauer versprechen, nicht nach meiner Telomerenlänge. Wäre auch sinnlos: Der entsprechende Test ist online kaum durchzuführen. Jedenfalls noch nicht.

(6.8.2009)

DARF ICH PER E-MAIL TRAUERN?

Beileidsbezeugungen im Online-Zeitalter

Die Todesnachricht lag in meiner Mailbox, und ich habe darauf geantwortet. Hätte ich das tun dürfen?

Hartmut Dirks ist nicht alt geworden. Mit 53 Jahren ist er in einem Krankenhaus in seiner Heimatstadt Emden gestorben. Das hat mir seine Frau Alice heute per E-Mail-Rundschreiben an alle Freunde und Verwandte mitgeteilt.

Hartmut war über die Jahre mein Streit- und Saufkumpan, ein Schwätzer vor dem Herren, vor dem ich – selber kein schlechter Schwätzer – neidlos den Hut ziehen musste. Klar, dass so einer genau wie ich die Journalistenlaufbahn einschlagen musste. Sprüche von ihm wie „ohne 'n Korn ist 'n Bier ja so trocken" werden mich mein Leben lang begleiten.

Warum er gestorben ist, weiß ich nicht, nur dass es wohl „plötzlich und unerwartet", aber auch „schmerzlos" gewesen sein muss, wie mir seine Witwe schrieb. Die erste Mail im Neuen Jahr, und dann so was.

Ich war jedenfalls ziemlich fassungslos, als ich frühmorgens, noch ein bisschen verkatert und im Morgenmantel am Computer saß und die traurige Mail las. Und ich habe das getan, was ich normalerweise immer tue bei Mails, die mich interessieren oder berühren: Ich habe sofort geantwortet. Das gehört sich so im Internet-Zeitalter. Menschen, die endlos lange brauchen, bis sie auf eine Mail reagieren (oder die gar nicht reagieren) mag ich eigentlich nicht.

Doch dann sind mir plötzlich Zweifel gekommen. War das überhaupt richtig? Ist E-Mail das passende Medium, um so persönliche und intime Inhalte zu kommunizieren wie Beileid, Bestürzung oder Trauer? Was bist du doch für ein grober Klotz, sagte ich mir, dass du glaubst, einer armen Witwe gegenüber deine Pflicht und Schuldigkeit getan zu haben, indem du mal eben auf „senden“ drückst? Wie weit sind wir gekommen in dieser kalten Welt von Browsern und von Mail?

Gut, ich kannte die Dame ja nicht. Hardy hat sie erst geheiratet, als wir uns schon ein bisschen aus den Augen verloren hatten. Unser Kontakt bestand über die Jahre nur noch aus spontanen, aber meist sehr langen Telefongesprächen, in denen es um Gott und die Welt ging, um alles von Computerspielen bis zur Gesundheitsreform, um berufliche Erfolge und Misserfolge, um Hardys spätes Zweitstudium und unsere mit dem Alter zunehmende Unfähigkeit, wie früher bis zum Morgengrauen Jever und Korn zu kippen und trotzdem am nächsten Morgen noch wie die Tiere zu malochen.

Natürlich habe ich mir inzwischen eine Rationalisierung zu Recht gelegt, die mir hilft, meine tief sitzende Unlust zu rechtfertigen, eine wildfremde Witwe anzurufen und persönlich die üblichen Trostformeln zu sprechen. Immerhin hat sie mir ein Rundschreiben geschickt. Wie unpersönlich kann man werden? Und außerdem ist es halt so: Wir leben nun mal in der Welt, in der wir leben, und E-Mail ist für Menschen wie mich inzwischen sogar zu der absolut wichtigsten Kommunikationsform überhaupt geworden. Wenn ich schätzen müsste, würde ich sagen, dass die Verteilung bei mir in etwa so aussieht: Telefonieren 20 Prozent, F2F („Face to Face“, also mit anderen Menschen von

Angesicht zu Angesicht sprechen) 30 Prozent, E-Mail 50 Prozent.

Ein Beileidsbrief per E-Mail ist also absolut in Ordnung, weil zeitgemäß und zeitnah. Alice Dirks wird das genauso zur Kenntnis nehmen wie eine Karte oder ein paar gestammelte Worte von einem Unbekannten am Telefon. Ob es ihr mehr oder weniger weiterhilft als eine andere Form der Beileidsbezeugung, oder ob es ihr überhaupt hilft, weiß ich nicht.

Aber irgendwo ganz tief unten in meinem verborgenen Bewusstsein nagt noch immer so ein kleiner Zweifel. Vielleicht gibt es doch Dinge, die nicht in eine Mail gehören.

(2.1.2008)

DER TOD RIEF AN

Ein Mausklick kann niemals eine Umarmung ersetzen

Die Dame am Empfang in der Lufthansa-Lounge von Atlanta war vielleicht Mitte vierzig, natürlich sehr freundlich, das ist ja auch ein Teil ihres Jobs, aber auch ein bisschen distanziert, das bringt der Beruf und der dauernde Umgang mit vielen wildfremden Menschen wahrscheinlich auch mit sich. Ich zeigte ihr meine Bordkarte, wir wechselten ein paar Worte, da klingelte das Telefon. „Moment", meinte sie noch, dann hob sie ab, sprach ein paar Worte, dann hörte sie nur noch zu. Ihre Augen weiteten sich, ihr Lächeln verwandelte sich in eine Grimasse des Schmerzes und der Bestürzung. Dann schaute sie hoch, mir direkt in die Augen, und stammelte: „Mein Vater ist tot!"

Ich bin um den Schreibtisch herum gegangen und habe sie etwas hilflos in den Arm genommen, während sie weiterhin wortlos und versteinert in den Apparat lauschte. Ob sie meine Nähe gespürt hat, weiß ich nicht. Nach ein paar Minuten legte sie auf, nahm das Taschentuch, das ich ihr reichte, putzte die Nase, stand dann auf und verschwand durch die Tür in den hinteren Bereich der Lounge. Ihre Kollegin kam vorbei, fragte was los sei. Ich erzählte es ihr. Sie ging hinterher, kam später heraus und übernahm den Empfangsjob. Die Dame, deren Vater gestorben war, habe ich nicht mehr gesehen.

Später im Flieger hatte ich viel Zeit zum Nachdenken. Diese Szene hätte sich doch in ähnlicher Weise genauso gut mitten in einer Telefonkonferenz oder einem Online-Chat abspielen können. Wie hätte ich in diesem Fall mein Mitgefühl ausgedrückt? Womöglich mit einem eingetippten „Sorry“ oder einem Smiley-Gesicht mit herabhängenden Mundwinkeln? Wie fühlt sich eine Umarmung in Second Life an? Weint ein Avatar echte Tränen?

Es heißt, im Internet-Zeitalter sei jeder Mensch höchstens vier Mausklicks von jedem anderen entfernt. In Augenblicken wie diese ist das ganz schön weit.

(15.11.2007)

WIR NOMADEN

Mit leichten Gepäck im Internet unterwegs

In der Lufthansa-Lounge in München bietet sich in der Frühe immer das gleiche Bild: Da sitzen eine Menge Morgenmuffel mürrisch vor ihren Laptops, eine Tasse Kaffee daneben, und tippen Anweisungen an die Kollegen daheim oder basteln an der Präsentation, die sie in ein paar Stunden irgendwo in Hamburg oder Berlin oder Buxtehude halten müssen. Die anderen hängen schon am Telefon oder drehen am Einstellrad ihrer Blackberrys, um den elektronischen Briefkasten zu leeren.

Es sind immer die gleichen, und sie bilden inzwischen eine richtige Gemeinschaft. Aber wie soll man sie eigentlich nennen? Früher sagte man auf Deutsch „Telearbeiter", was ein bisschen bieder klingt. Ich denke da jedenfalls eher an einen Mitarbeiter in einem Call Center, der den ganzen Tag mit klobigen Kopfhörern vor einem Bildschirm sitzt und mit Menschen redet, die er nicht kennt. Auch der Begriff des „Heimarbeiters" greift zu kurz, denn diese Leute arbeiten ja nicht zu Hause (auch wenn sie womöglich ein „Home Office" haben), sondern da, wo sie gerade sind: Im Flughafen, im Zug, im Starbucks an der Ecke oder – neulich habe ich selbst einen gesehen – auf einer Parkbank im Englischen Garten.

Die Amerikaner sprechen vom „Road Warrior", was aber auch nicht das beschreibt, worum es geht, denn Menschen, die unterwegs arbeiten, sind in aller Regel sehr friedlich. Es sei denn, zwei von ihnen streiten sich um die einzige vorhandene Steckdose.

Und wenn der Kerl nebenan noch einmal im Kasernenhofton in sein Handy brüllt, dann fühle ich auch in mir den Kriegsinstinkt erwachen. Zum Glück habe ich kein Tomahawk in meinem Aktenkoffer…

Nicholas Negroponte vom MIT Media Lab prägte schon vor über zehn Jahren den Ausdruck „Techno-Nomaden", was sehr treffend ist, denn ein Nomade führt ja das, was er zum Leben braucht, mit sich schlägt dort sein Zelt auf, wo er geeignete Lebensumstände findet. So wie ich, wenn ich mich mit Laptop, Organizer, Mobiltelefon, Ladegeräte, Adapter, ein paar PC-Steckkarten und CDs und natürlich auch die ganzen Arbeitsunterlagen, oft ein ganzer Aktenkoffer voll Papier, abschleppen muss.

Gerade deshalb fand ich einen Artikel faszinierend, den ich neulich in der renommierten Wirtschaftszeitung „The Economist" las. Der Autor sprach von „Techno-Beduinen" und bezeichnete damit Menschen, die mit ganz leichtem Gepäck unterwegs sind, aber trotzdem produktiv arbeiten können. Der herkömmliche Telearbeiter sei eigentlich eher wie ein Astronaut oder ein Tiefseetaucher: Beide müssen ihren Sauerstoff mitschleppen, und ihre Ausrüstung engt ihre Bewegungsfreiheit ein. Der Beduine dagegen trägt einen luftigen Burnus, und er führt sein Wasser nicht mit sich: Er weiß, wo die nächste Oase ist.

Ich finde dieses Bild sehr schön. Als Techno-Beduine hat man ein anderes Verhältnis zu Zeit und Ort. Man druckt nichts mehr aus, sondern speichert wichtige Dokumente entweder auf seinem mobilen Gerät oder auf einem Server daheim oder in der Firma. Und man muss sich auch nicht mehr um die Technik kümmern: Sie funktioniert ganz einfach. Stimmt ja auch: Einen

Blackberry oder iPhone zu bedienen setzt kein hohes Maß an technischen Vorkenntnissen voraus – man macht es einfach. Damit entfällt die letzte Hürde auf dem Weg zur totalen Mobilität.

Wir sehen uns also sicher demnächst irgendwo. Ich bin der Typ mit dem Blackberry und dem Burnus.

*

„Meine Erfahrung mit den Beduinen sind eher zweischneidig", schreibt mir Michael Kausch. Es sei zwar schön, mit leichtem Gepäck zu reisen und die letzten Schoten aus den schönsten Blogs der Welt minutenaktuell angekündigt zu bekommen. Seiner Meinung nach flüchtet der digitale Beduine über kurz oder lang zu einem stillen Platz in der Wüste, wo er dem „Terror der missgestimmten Klingeltöne und die babylonische Vielfalt der Verkaufsgespräche (neulich musste ich in Frankfurt eine halbe Stunde neben einem vertriebsaktivem Fleischfachverkäufer durchstehen)" entfliehen kann. Flughäfen böten uns hierfür allerdings nur die stillen Andachtsräume an, die deutsche Bahn immerhin wenigstens die wunderbare Einrichtung der handyfreien Waggons.

Doch das bringt auch nicht immer den gewünschten beruhigenden Effekt, wie Michael berichtet: „Dort ist der Gebrauch von Handys untersagt und auch die Empfangsmöglichkeit mobiler Kommunikationsgeräte sind mangels Verstärker deutlich eingeschränkt. Das führt aber meistens nicht dazu, dass sich Vieltelefonierer in die normalen Wagen zurückziehen. Stattdessen brüllen Horden von Techno-Beduinen in diesen Oasen, die eigentlich der Stille vorbehaltenen sind, um so heftiger in ihre

Handys: „Der Empfang ist hier so schlecht. sprich bitte lauter." „Ich kann dich nicht verstehen! Bist du noch da?" „Wir müssen schnell machen, der Empfang ist hier so schlecht! Neiiin: der EMPFANG IST SO SCHLECHT! Ich ruf dich gleich nochmal an..."

(2.4.2012)

HIMMEL AUF ERDEN

Kein Handy, kein Internet – meistens, jedenfalls

Einmal im Jahr ziehen meine Frau und ich uns an den schönsten Ort der Welt zurück. Er heißt Phoenix und liegt an der zerklüfteten, menschenleeren Südwestküste Kretas, der so genannten Sfakia. Dort steht ein einfaches Gasthaus, das kleine Zimmer vermietet mit großen Balkonen. Es hat eine mit Weinreben umrankte Terrasse und einen halbmondförmigen Steinstrand und sonst nichts.

Meine Frau und ich sitzen dort im Schatten und trinken Retsina, den köstlichen geharzten Weißwein Kretas, und essen einen Fisch, den der Wirt gerade selbst gefangen hat. Der Yoghurt, den wir zum Frühstück genießen, wird aus Milch von den Ziegen gemacht, die hinterm Haus im steinigen Gelände nach den spärlichen Grashalmen suchen und deren Glockengebimmel uns den Tag und Nacht begleitet. Tagsüber baden wir im Meer oder wandern durch die nahegelegene Steinschlucht, wo Seeadler ihren Jungen im sanften Aufwind der Meeresbrise das Fliegen beibringen.

Phoenix, das ist Himmel auf Erden. Und das schönste ist: Es gibt dort keinen Handyempfang!

Gut, es gibt ein Festnetz-Telefon. Und der Wirt hat sich inzwischen auch einen Internet-Anschluss besorgt, aber der ist wahnsinnig langsam und funktioniert auch nicht immer. Das ist gut so, denn es gibt nichts Erholsameres, als 14 Tage keine Mails, keine Anrufe, keinen Kommunikationsstress.

Aber andererseits sind 14 Tage sind eine verdammt lange Zeit! Und so kommt es, dass wir uns ab und zu nach dem Trubel der Zivilisation zu sehnen beginnen. Wenn es so weit ist, dann wandern wir hinüber nach Loutro.

Loutro liegt vielleicht zwei Kilometer weiter östlich und ist unglaublich malerisch. Das Dorf besteht aus etwa 30 Gebäuden, die an einer halbmondförmigen Bucht liegen. Die Häuser sind direkt an eine steile Klippe gelehnt, was der Grund ist, weshalb es keine Zufahrtsstraße nach Loutro gibt und deshalb auch keine Autos. Eine schmale Strandpromenade führt zwischen Häusern und Meer um die Bucht herum, und vor jedem Haus gibt es eine Terrasse, auf dem abends gegessen und getrunken wird. Es gibt keine laute Musik, nur das Plätschern der Wellen, Stimmen, die über das Wasser hallen und ab und zu das Tuckern eines Außenbordmotors, wenn ein Fischer mit seinem Fang in den Hafen zurückkommt.

In Loutro gibt es allerdings noch etwas: ein Internet-Café!

Wenn wir dort sitzen und unseren Retsina trinken, stehe ich irgendwann auf und sage, ich müsste mir mal ein bisschen die Beine vertreten. Ich schlendere betont gelassen die Strandpromenade entlang, schaue mir die Postkarten beim kleinen Laden von Dimitri an, trinke im Stehen einen Ouzo bei Costas und bin dann irgendwann wie zufällig davor. Ein kurzer Blick nach links und rechts, dann verschwinde ich durch die Tür ins kühle, dunkle Hausinnere, wo die Computer leise vor sich hin surren und ich für einen Euro 30 Minuten lang mit Breitband-DSL im Internet surfen und meine Mails abrufen kann.

Durchs offene Fenster kann ich dabei meine Frau sehen, die immer noch drüben am anderen Ende der Bucht unter der Markise am Wasser sitzt und die Ruhe und den Seelenfrieden genießt.

Verraten Sie ihr bitte nichts!

(3.6.2012)

NICHT OHNE MEIN HANDY!

Ein Handy für alle Fälle...

Ortungsdienste für Handy helfen in der Not weiter. Das sagte jedenfalls neulich der IT-Branchenverband BITKOM in einer Pressemitteilung. Als ich weiterlas, wunderte ich mich ein bisschen darüber, wie harmlos die Notlagen sind, die sich der Verband in diesem Zusammenhang vorstellt. „Ortungsdienste können helfen, ein verlorengegangenes Handy schnell wiederzufinden", schreiben sie.

Nun gut, wer mal sein Handy bei einer Dienstreise daheim vergessen hat kriegt schnell die Krise, aber ist das wirklich eine Notlage? „Durch Handy-Ortung können besorgte Eltern schnell überprüfen, wo sich ihr Kind aufhält." Ich denke, wenn ein Kind nicht will, dass die Eltern wissen, wo es sich rumtreibt, dann weiß es auch wo der Ausschaltknopf ist.

Mir fehlen in dem Pressetext die echten Notlagen: Situationen, wo es um Leben und Tod geht und aus denen der Besitzer nur Dank Handy heil herauskommt.

So wie der Skifahrer, der 2009 in Golm bei Tschagguns abseits der Pisten gefahren war und unter einem Schneebrett verschüttet wurde. Er kam mit einer Hand an sein Handy, konnte einen Notruf absetzen und wurde gerettet.

Oder der britische Koch, der 2010 beim Aufräumen in der Küche von einer riesigen schwarzen Spinne gebissen wurde, was natürlich auch einiges über die hygienischen Zustände in der britischen Gastronomie sagt. Jedenfalls konnte er das Viechzeugs mit der Handy-Kamera fotografieren, bevor ihm die Hand auf Luftballongröße anschwoll und er ohnmächtig wurde. Der eintreffende Notarzt schickte das Foto an Spezialisten des Bristoler Zoos, die es als eine lebensgefährliche Brasilianische Wanderspinne identifizierte, die offenbar mit einer Bananenstaude auf die Insel gelangt war.

Und vergessen wir nicht John Garber, den Parkplatzwächter aus Atlanta, der nachts ins Kreuzfeuer zwischen zwei Banden geriet und dabei eine Kugel in die Brust bekam. Dort steckte zum Glück sein Nokia-Handy, dessen Akku das Projektil stoppte. Garber war anschließend so dankbar, dass er schwor, nie ein Handy einer anderen Marke kaufen zu wollen.

Vielleicht sollte sich die BITKOM auch mal mit den Forschern an der Universität Bologna unterhalten, die gerade an einem handybasierten Unfallmeldesystem arbeiten. Dank einer speziellen Software sollen smarte Mobiltelefone künftig in der Lage sein, abrupte Tempoänderungen wie etwa nach einem Crash zu erkennen um diese gleich mitsamt den GPS-Daten an die Unfallretter übermitteln zu können.

Ja, das sind echte Notfälle, aus denen uns das Handy helfen kann. Ich gehe jedenfalls nie wieder ohne auf die Straße…

(28.9.2012)

TÖDLICHER KNOCHEN

Die Unvernunft am Steuer

Mein erstes Mobiltelefon war ein Motorola 3200, auch liebevoll der „Motorola-Kochen“ genannt. Er maß vom Fuß bis zur Spitze seiner langen Gummiantenne stolze 33 Zentimeter, ungefähr so hoch wie ein Maßkrug, und er war so stabil, dass es gerüchteweise hieß, man könne damit notfalls auch Zeltheringe einschlagen. Das war auch gut so, denn beim Versuch, ihn in meine Manteltasche zu stecken, fiel er mir mehrmals aus Hüfthöhe auf das Pflaster, funktionierte danach aber immer noch einwandfrei.

Das war so ungefähr 1992, also kurz nach der Freischaltung des allerersten D-Netzes in D-Land, und seitdem ist das Mobiltelefon mein ständiger Begleiter. Wenn es also stimmt, was die Strahlungsgegner sagen, müsste ich inzwischen einen Tumor vom Kaliber eines Hokaidokürbis am Ohr haben, was aber nicht der Fall ist. Der Grund ist klar: Handystrahlen verursachen keinen Krebs. Das ist keine Frage des Glaubens, sondern der Physik: Zur Veränderung menschlicher DNA sind hochfrequente Gamma- oder Röntgenstrahlen nötig, und Handys funken nun mal ganz am anderen Ende des Frequenzspektrums, wo die Wellen viel zu schwach sind.

Das hindert gewisse Menschen natürlich nicht daran, weiterhin vor Handys zu warnen. Und sie haben Recht – wenn auch aus ganz anderen Gründen. Das Mobiltelefon ist tatsächlich tödlich, aber nur beim Autofahren.

Britische Wissenschaftler haben in einer Studie der Royal Automobil Club Foundation festgestellt, dass die Reaktionsgeschwindigkeit beim Telefonieren langsamer ist als bei einer Trunkenheitsfahrt. Das gilt übrigens auch, wenn man eine Freisprecheinrichtung nutzt. Beim Telefonieren ist der Mensch eben im wahrsten Sinne des Wortes nicht ganz da. Ja, wo isser denn? Der Rock-Poet John Perry Barlow hat mal behauptete, Cyberspace sei „der Ort, an dem du dich befindest, wenn du telefonierst."

Ganz schlimm wird es aber, wenn einer glaubt, beim Autofahren sein schickes Smartphone dazu benützen zu müssen, E-Mails zu ziehen, sein Facebook-Konto zu pflegen oder Kurznachrichten per SMS oder Twitter abzusetzen. Solche Menschen sind natürlich Vollidioten und haben es redlich verdient, mit 100 Sachen gegen einen Brückenpfeiler zu knallen. Leider suchen sie sich aber meistens andere Verkehrsteilnehmer als Prellbock aus, und die können ja nichts dafür. Texten am Steuer ist in Amerika inzwischen offiziell die Todesursache Nummer eins für Jugendliche zwischen 15 und 20 Jahren!

Aber selbst grundvernünftige Menschen in meinem Bekanntenkreis scheuen sich nicht, das Telefon mit einer Hand ans Ohr zu halten, während sie mit der anderen versuchen, ihr heiliges Blechle durch den innerstädtischen Verkehr zu lotsen. Telefonieren am Steuer gilt als Kavaliersdelikt. Das liegt daran, dass Telefonieren am Steuer leider immer noch bei vielen als „cool" empfunden wird, sagt Deborah Hersman, die Vorsitzende der Nationalen Verkehrssicherheitsbehörde in den USA. Sie fordert inzwischen ein totales Telefonierverbot im Straßenverkehr.

Na ja, es war auch mal cool , eine Kippe lässig aus dem Mundwinkel hängen zu lassen wie James Dean – den es am Ende ja auch erwischt hat, wobei niemand weiß, ob er damals in seinem Porsche eine Zigarette rauchte oder nicht, als es krachte. Mobiltelefon gab's damals jedenfalls noch nicht – nicht einmal den Motorola-Knochen.

(1.2.2012)

DIGITALER ÜBERLEBENSKAMPF

Mundraub per Steckdose

Der Kampf um die Steckdose wird in unserer Familie mit erbitterter Härte ausgetragen, vor allem in unserer Ferienwohnung in Sölden. Damals, als wir die Dachhälfte im Elternhaus meiner Frau ausgebaut haben, lebten wir in einer unschuldigeren Zeit, und der Innenausbauer hielt zwei Steckdosen im Wohnzimmer und je eine in Küche , Flur und Schlafzimmer für völlig normal und ausreichend. Wie hätte er denn auch das Zeitalter der Gadgets vorausahnen sollen, der uns solche Dinge wie digitalen Mundraub und Steckdosenstau beschert hat?

Zählen wir einfach mal zusammen: Meine Tochter hat ein iPhone und einen Laptop. Meine Frau bringt es als digitale Abstinezlerin nur auf ein ganz normales Mobiltelefon, das aber einen ganz anderen Adapter braucht. Ich schleppe auch in den Skiurlaub mein Nokia Lumina 700 und meinen iPad mit, natürlich auch den Laptop und neuerdings auch noch einen Kindle von Amazon, denn wann sonst als im Urlaub kommt man schon dazu, Bücher zu lesen. eBücher, versteht sich.

Die beiden Steckdosen im Wohnzimmer sind aber bereits durch Stehlampe in der einen und Stereoanlage plus Fernseher in der anderen Ecke belegt und befinden sich zudem im unzugänglichsten Winkel des Raums. Die Dose in der Küche ist von der kleinen Nespressomaschine belegt, die es damals ja auch noch nicht gab. Bleibt die Dose im Gang, wo geschickterweise auch ein Regal ist, auf dem man das jeweils ladebedürftige Gerät abstellen kann.

Heute Morgen erwischte ich unsere Tochter dabei, wie sie das Ladegerät von meinem Smartphone, den ich gerade erst eingesteckt hatte, heimlich rauszog und ihr eigenes Teil stattdessen anschloss. Es gab laute Worte und dramatische Gesten, und ich musste mächtig den Pater familias raushängen, um im digitalen Überlebenskampf die Oberhand zu behalten. Als ich meine Frau anrufen wollte, um mich bei ihr über ihre missratene Tochter zu beschweren, war ihr Handy gerade leer. Töchterchen hatte sich inzwischen schmollend ins Schlafzimmer zurückgezogen, wo sie in Ruhe ihren Laptop auflud und die neueste Folge irgendeiner US-Sitcoms ansah.

Wenn ich mir nochmal eine Ferienwohnung baue, gibt es in jedem Raum ein Dutzend Steckdosen. Oder ich mache in Zukunft alleine Urlaub, und zwar in einem Land, in dem es genügend Steckdosen in jedem Zimmer gibt. Südkorea, zum Beispiel.

(28.1.2012)

TODESSTRAFE FÜR HANDYKLINGELN

Einfach mal abschalten. Bitte!

Es ist der endgültige Albtraum des Mobilzeitalters. Und das nicht nur für den Betroffenen. Beim Konzert des New York Philharmonic Orchestra geht auf einmal dein Handy los. Auch noch dieser fruchtbare Marimba-Klingelton von Nokia, den die ganze Welt mit Inbrunst hassen gelernt hat, und das mit voller Lautstärke.

Was machst du? Ganz klar: Du bleibst regungslos sitzen und betest, dass der Anrufer doch bitte, bitte gleich auflegen möge und niemand mitbekommt, das du es bist, der vergessen hat, vor dem Konzert den roten Ausschaltknopf zu drücken. Aber leider ist der andere hartnäckig, und so klingelt es und klingelt, während der Dirigent vor dir die sanften, spirituellen Klangwolken von Mahlers Neunter abrupt zum Schweigen bringt, sich zu dir umdreht und dich in einer Stimme, die bis in die letzte Reihe des Avery Fisher Hall zu hören ist, fragt ob es das jetzt endlich war?

Du sitzt da auf deinem teuren Dollar-Sitz in der Reihe eins und hörst, wie um dich herum sonst eher wertkonservative Konzertgänger wütend brüllen; „Schmeißt den Kerl raus!“, und „Tausend Dollar Geldstrafe!“ Der Blogger Max Kinchen, der ein paar Reihen weiter hinten saß, schrieb später: „Sie wollten Blut sehen.“ Wenn man sie in diesem Moment befragt hätte: Wetten, dass eine Mehrheit der Konzertbesucher für die Einführung der Todesstrafe beim Nichtabschalten des Handys im Konzertsaal gestimmt hätte?

Ich musste gestern Abend daran denken, als wir im Gasteig saßen und den Münchner Philharmonikern lauschten, die sich vom unverwüstlichen Georges Prêtre durch die aufwühlenden Anfangsakkorde von Beethovens „Eroica“ führen ließen. Die Dame neben mir war ganz woanders: Sie checkte immer noch E-Mails auf ihrem iPhone. Okay, sie machte das lautlos, aber trotzdem war bei mir die Luft raus – Beethoven und die Philharmoniker werkelten weiter, aber ich konnte an nichts anderes denken als: Was, verdammt noch mal, ist in diesem Moment wichtiger als die Musik? Und ja, eine Sekunde lang spürte auch ich Blutgier in mir aufsteigen: Jetzt das Handy nehmen und der Kuh damit immer und immer wieder auf den Kopf hauen, so lange bis…

Na ja, ich habe mich wieder beruhigt, und ungefähr Mitte des ersten Satzes war ich wieder drin in dem Stück, im Dritten war ich im Siebten Himmel und am Ende habe ich den alten Teufelskerl Prêtre mit “Bravo!”-Rufen gefeiert, der mit seinen 86 Jahren ohne Noten dirigiert (und oft gar nicht dirigiert, sondern einfach seinem Orchester zuhört, bis sie wieder an der entscheidenden Stelle seine Hilfe brauchen, die er ihnen mit zwei, drei kleinen Bewegungen des Taktstocks gibt, nur um sie wieder alleine weitermusizieren zu lassen, in der Sicherheit, dass sie genau wissen, was er von ihnen will; der einzige, der das noch konnte, war unser unsterbliche Sergiu Celibidache).

Die Dame mit dem iPhone habe ich beim Herausgehen mit verächtlichem Wegschauen bedacht, was sie vermutlich nicht weiter bekümmert hat. Sie weiß gar nicht, wie knapp sie davor war, Opfer von konzertanter Handy-Wut zu werden.

Hoffentlich vergesse ich beim nächsten Mal nicht, das Ding auszuschalten…

(25.1.2012)

NUR BARES IST WAHRES

Womit soll ich in Zukunft bezahlen?

In den USA zeichnet sich langsam das Ende von Bargeld ab.

Nun sind meine Landsleute ja schon lange ausgewiesene Kartenzahler: Man bezahlt auch schon längst in New York am Zeitungskiosk per Karte für seine Times-Ausgabe. Aber bislang war das eine recht einseitige Sache, denn nur Händler, die mit einer Kartenfirma einen Vertrag hatten, konnten Plastikgeld kassieren. Wer beispielsweise seinen Babysitter bezahlen musste, tat das mit Münzen und Scheinen. Zumindest in Amerika hat jeder Taxifahrer einen Kartenleser, aber der freundliche Hotelportier, der einem beim Aussteigen aus dem Taxi half, erwartete sein Trinkgeld in bar.

Die kleine Firma Square und eine Reihe von Nachahmern wollen das ändern, indem sie jeden von uns einen Kartenleser in die Hand drücken. Er wird über ein Kabel an die Kopfhörerbuchse des iPhone (oder irgendeines anderen Smartphones) angeschlossen, und schon kann man – ritschrastch – jede beliebige Kreditkarte durchziehen und sich Geld aufs Konto gutschreiben lassen.

Die Firma Intuit (die mit den Steuerprogrammen) haben jetzt ein ähnliches Produkt namens „GoPayment“ vorgestellt, und der Online-Finanzdienstleister PayPal , der 2002 von eBay übernommen wurde, ist mit „PayAnywhere“ schon auf dem Markt – allerdings bislang nur in den USA, wie die anderen Anbieter auch.

Ist das endlich der langerwartete Moment, wo es dem Bargeld endlich an den Kragen geht? Im Zeitalter der totalen Vernetzung ist es eigentlich ein unerträglicher Anachronismus, dass wir ständig Bündel von abgegriffenen, unhygienischen Geldscheinen mit uns herumtragen und sie aus der Hand von möglicherweise unheilbar kranken Einzelhändlern und Bankangestellten entgegen nehmen müssen. Wie viele Menschenleben werden jeden Tag sinnlos und fahrlässig aufs Spiel gesetzt, nur weil wir eisern und uneinsichtig an einer Zahlungsform festhalten, die so alt ist wie die Keilschrift – und ungefähr so zeitgemäß!

Das wird eine schöne neue Welt, in der alles nur noch elektronisch bezahlt wird. Aber das Schönste kommt erst noch: Square & Co. stellen sich das so vor, dass in dem Moment, wenn ich den nächsten Starbucks betrete es beim Kassier klingelt und er sieht, dass ich erstens seinen Laden betreten habe und dass ich zweitens immer einen Grande Caramel Mocha Frappuccino trinke. Hei, das wird ein Spaß!

So, wie ihre Handschrift sozusagen durch die Seltenheit einen gewissen Premiumwert angenommen hat, so könnte in nicht allzu ferner Zukunft auch Bargeld wieder einen Mehrwert bekommen. Denken Sie nur an das England des frühen 19 Jahrhunderts, als Napoleon ante portas stand und die Londoner Kaufleute mitten in der Krise steckten: Da bekam man für ein Pfund aus Papier nur ein halbes aus Gold, weil die Leute „richtiges" Geld dem neuen „funny money" vorzogen.

Viele Menschen heutzutage sehnen sich bekanntlich nach der guten alten D-Mark zurück, weil sie diese komischen Euros auch irgendwie komisch finden. Vielleicht wird es auch im Zeitalter virtuellen Geldes so sein, dass am Ende nur Bares Wahres sein wird.

(20.7.2012)

DAS INTERNET VERGISST NICHTS

Der Traum vom digitalen Radiergummi

Etwas ins Internet zu stellen ist heute ein Kinderspiel. Es wieder zu löschen kann dagegen ein echter Albtraum werden. Im Zeitalter des Mitmach-Internet ist jeder sein eigener Verleger. Ein Blog-Eintrag ist schnell geschrieben, egal wo man gerade ist: daheim, im Büro, im Internet-Café oder notfalls – UMTS sei Dank – im Zug von Leipzig nach München. Dort habe ich neulich meine Eindrücke von einem Gespräch mit dem Vertreter eines großen Handelsunternehmens aufgeschrieben, der hier ungenannt bleiben soll. Warum werden Sie gleich verstehen.

Der Mann hatte mir allerlei über seine Kunden erzählt: Was sie gerne kaufen, wann sie am liebsten einkaufen gehen, welche Packungsgrößen für welche Zielgruppe interessant sind, wo bei ihnen die Schmerzgrenze beim Preis erreicht ist und wie man die Ware präsentieren muss, damit sie möglichst viel davon in den Einkaufswagen packen.

Woher er das alles weiß? Durch Auswertung der Daten aus seinem Kundenkarten-Programm. Dahinter läuft nämlich eine ausgeklügelte Auswertungs-Software, das ihm laufend und aktuell Infos über die Kaufgewohnheiten und die Vorlieben seiner Kunden liefert.

Was macht man als guter Blogger? Man schreibt das auf uns stellt es online. Und stößt damit unter Umständen gewaltig ins Wespennest. Jedenfalls war mein Gesprächspartner am nächsten Tag schon früh am Telefon, und seine Stimme klang längst nicht mehr so freundlich wie bei unserem ersten Gespräch. Das sei alles streng vertraulich gewesen, die Konkurrenz könnte hinter seine Geschäftsgeheimnisse kommen – kurzum: Ich solle den Beitrag bitteschön sofort vom Netz nehmen.

Nun, ich hatte unser Gespräch eigentlich nicht als vertraulich empfunden, aber man will ja nicht so sein, also ging ich ins Web und lösche mit ein paar Mausklicks die anstößigen Zeilen.

Ein paar Stunden später war der Mann wieder am Apparat: Warum der Text denn immer noch online wäre. Ist er nicht, sagte ich, ich habe ihn doch gelöscht.

Hatte ich nicht – konnte ich auch gar nicht, denn die Geister, die man im Internet ruft, die wird man so schnell nicht wieder los. Google speichert nämlich alle Inhalte, die von den Software-Robotern gefunden werden, im so genannten „Cache“ – ein riesiger Zwischenspeicher irgendwo in den Weiten des Internet, auf den nur Google-Mitarbeiter Zugriff haben. Und dort bleiben sie auch dann noch wochen- oder monatelang abrufbar, obwohl ich sie längst von meiner Homepage getilgt habe.

Um sie schneller weg zu bekommen, muss man sich als Webmaster mit einem etwas umständlichen Verfahren an Google wenden und die Löschung offiziell beantragen. In meinem Fall dauerte das fünf Tage. In der Zwischenzeit wurde der Supermarkt-Mensch zunehmend ungehaltener.

Die Sache ging noch harmlos aus, aber was wäre wohl gewesen, wenn sie eskaliert wäre? Wenn er mich womöglich auf Schadensersatz verklagt hätte? Mich vors Gericht gezerrt hätte?

„Nach deutschem Urheberrecht wäre eine Firma wie Google eigentlich verpflichtet, einen solchen Eintrag unverzüglich zu entfernen, sobald sie von Eigentümer der Inhalte dazu aufgefordert wird“, sagte mir Jan Roggenkamp vom Institut für Internet-Recht an der Uni Passau. Das heißt nach üblicher Rechtsprechung binnen 24 Stunden.

Und wenn nicht? „Leider befinden wir uns da noch in einem Raum der Rechtsunsicherheit“, meinte er etwas verlegen. Die EU brütet angeblich an einer neuen Rechtsnorm, aber bis dahin kann jeder Richter mehr oder weniger nach eigenem Gutdünken entscheiden. „Wissen Sie, “ meinte er, „vor Gericht und auf hoher See ist man eben in Gottes Hand“.

Und im Internet, hätte er vielleicht noch hinzufügen sollen. Dort wird man die Geister, die man rief, nur sehr schwer wieder los.

(4.5.2011)

PORTO ERGO SUM

Zu viele E-Mails sind ein Problem – zu wenige auch!

Von Max Raabe sind viele Werke mit schönen Titeln überliefert, zum Beispiel „Klonen kann sich lohnen“, vor allem aber mein Lieblingssong von ihm: „Kein Schwein ruft mich an“. Ich musste neulich an ihn denken, als mir eine Bekannte von ihrer Chefin erzählte, die eine kleine Agentur betreibt. Eines Tages war es besonders still in der Firma, kein Telefonklingeln, kein Kundenbesuch. Und auf einmal steckt die Chefin den Kopf durch die Tür und sagt: „Du, würdest du mir bitte schnell eine E-Mail schreiben. Ich glaube, das Internet funktioniert nicht mehr, ich habe heute Morgen noch keine einzige Mail bekommen…“

Ja, E-Mail hat manchmal etwas Zwanghaftes an sich: Ich erwische mich selbst auch dabei, wie ich alle zehn Minuten den Smartphone rausziehe und meine Mailbox checke. Apropos: Ich habe ein Mauspad auf meinem Schreibtisch, auf dem mehrere Mäuse zu sehen sind, die gerade in einer Bäckerei arbeiten. Einer zieht einen Zettel aus einer Schublade, auf der „Mehl“ draufsteht, und sagt zu den anderen: „Hey, da ist ja Post in unserer Mehlbox!“

Manchmal glaube ich, wenn ich über die neue Kommunikationsvielfalt nachdenke, dass ich kurz vor einer großen philosophischen Erkenntnis stehe, so wie einst Descartes mit seinem „cogito ergo sum“ („Ich denke, also bin ich“). Wie wär’s zum Beispiel mit „porto, ergo sum“. „Portare heißt auf Latein schließlich nicht nur „bringen“, sondern auch „übertragen“. Und spätestens, seitdem die Deutsche Post den „E-Post Brief“ eingeführt hat, muss man für E-Mails auch Porto zahlen: 55 Cents, dafür weiß ich aber auch, dass die Mehl – äh, die Mail – beim Empfänger wirklich angekommen ist. Das ist so was wie ein digitaler Einschreibebrief. Und wenn der Empfänger keine E-Post-Adresse hat, dann druckt die Post meine Mail sogar aus und stellt sie auf konventionellem Weg zu: als Brief.

Die gleiche Bekannte, die mir die Geschichte von ihrer Chefin erzählte, erinnerte sich im Lauf des Gesprächs daran, dass sie kürzlich einer Freundin, die in Wien wohnt, aus einer Laune heraus einen richtigen Brief geschrieben hat, nämlich mit der Hand. Und wir sinnierten darüber, ob unsere Urenkel in der Schule überhaupt noch die Handschrift lernen werden. Wozu eigentlich, wenn sie doch alles schnell in ihre Tablets oder Smartphones tippen können? Meine eigene Tochter hat ihren Namen zum ersten Mal auf der Tastatur meines PCs geschrieben, auf meinem Schoss sitzend.

Wir kamen schließlich zu dem Ergebnis, dass es vielleicht auch gar nicht so schlimm wäre, wenn der Mensch die Kunst des mit der Hand Schreibens vergessen würde: Wer beherrscht denn schließlich heute noch die einst hochangesehene Kunst, Hieroglyphen in Steintafeln zu meißeln?

Die Freundin in Wien hat meine Bekannte übrigens angerufen und sich überschwänglich bedankt. Es sei so lange her, dass sie einen handgeschriebenen Brief erhalten habe, das sei heutzutage wirklich etwas ganz Besonderes.

Das mit der Echtzeitkommunikation ist ja schön und gut, aber manchmal will man schon ein bisschen mehr. Wer will schon einen Liebesbrief per E-Mail bekommen. Oder gar per Twitter: Wenn es einer schafft, sein Herz in 140 Zeichen auszuschütten, dann sind vermutlich Zweifel an seiner Gefühlstiefe angebracht.

Ich selbst habe mir vorgenommen, weniger zu Mailen und öfter mal zum guten, alten Telefonhörer zu greifen. Denn so viel Zeit, finde ich, muss es auch im Zeitalter der digitalen Beschleunigung sein. Und Max Raabe wird es uns vermutlich auch danken.

(26.9.2012)

GESTATTEN, @COLE

Meine Mail-Adresse ist ein Teil von mir

Kennen Sie Kim Schmitz? Ich schon. Das heißt, ich kannte ihn. Inzwischen gibt es ihn ja gar nicht mehr. Er hat sich in „Kim Dotcom“ umbenennen lassen. Jedenfalls ist das der Name, der auf dem Klingelschild seiner neuseeländischen Villa stand, als jetzt die Polizei mit zwei Hubschraubern anrückte, um ihn wegen massenweise Raubkopierens auf seiner inzwischen stillgelegten Plattform Megaupload zu verhaften.

Es ist weit gekommen mit dem guten Kim. Damals, als ich ihn zum ersten Mal sah, standen wir beide am Stachus vor dem Landgericht München, wo er gerade wegen Betrugs, Computerbetrugs, Bandenhehlerei und Missbrauchs von Titeln zu einer Jugendstrafe von zwei Jahren auf Bewährung verurteilt worden. Das war eine coole Geschichte damals, 1998, und Kim sah auch danach noch cool aus mit seiner randlosen Brille und seinem pausbackigen Jungengesicht. Er schwadronierte ein bisschen rum, kündigte an, in die Berufung gehen zu wollen und verschwand dann Richtung U-Bahn.

Was mich eigentlich viel mehr beschäftigt als seine buntschillernde Karriere als einer der größten Internet-Gauner ist sein angenommener Nachname. Das ist nämlich megacool: Kim Dotcom. Darauf musst du erst mal kommen.

Ich selbst hatte das große Glück, als einer der ersten Privatmenschen in Deutschland eine eigene Web-Domain angemeldet zu haben, nämlich www.cole.de Wie früh ich dran war erkennt man schon daran, dass sie nur vier Buchstaben hat: Die letzte Domain in Deutschland mit vier Buchstaben ging ungefähr vor 15 Jahren weg.

Damit müsste man doch was machen können. Ich bin aber noch ein bisschen unentschlossen. Soll ich mich in „Tim Cole.de" umtaufen lassen. Oder wie wär es denn, wenn ich gleich meine E-Mail-Adresse als Namen annehmen würde.

„tim@cole.de" hat doch was. Steht ohnehin auf meiner Visitenkarte, ich müsste nicht einmal neue drucken lassen.

Vielleicht wäre es ohnehin langsam an der Zeit, Kindern bei der Geburt gleich von Amtswegen eine Mail-Adresse zu verpassen, die dann auch gleich im Geburtenregister als Name eingetragen werden kann.

Das hätte den Vorteil, dass die Entscheidung darüber, wie das Kleine heißen soll, endlich den verantwortungslosen Eltern aus der Hand genommen würde, die ihren Kindern die Zukunft mit völlig irrsinnigen Vornamen verbauen. Welche Chancen hat schon ein Junge, der „Jöel-Szymon" heißt.

Was, Sie glauben nicht, dass es so was gibt. Dann schauen Sie mal auf die Chantalismus-Website. Nicht, dass ich etwas gegen den Vornamen Chantal habe. Eine meiner liebsten Freundinnen heißt so, aber sie sieht auch so aus: klein, quirlig und zum Knuddeln charmant.

Ich verstehe aber, was die Macher dieser Website damit bezwecken wollen: Leute, denkt doch mal verdammt nochmal erst nach, bevor ihr eure Blagen ein Stigma verpasst, an dem sie ihr Leben lang zu kauen haben werden.

Sie könnten wie Kim Dotcom enden.

(21.1.2012)

PLACEBO VERKEHRT

Der Glaube kann selbst die Technik überwinden!

Mein Freund Norbert Bolz, Ordinarius an der TU Berlin, hat einmal in einem Vortrag gesagt, dass die Ärzte durch das Internet eines ihrer wichtigsten Heilmittel verlieren – den Placebo-Effekt. „Placebo“ kommt aus dem Lateinischen und heißt, wenn mich ein kleines Latinum nicht verlassen hat, so ungefähr: „Ich werde gefallen.“ In der Medizin versteht man darunter ein so genanntes Scheinarzneimittel, das überhaupt keinen Wirkstoff enthält oder ein ganz anderes als das, was der Patient erwartet. Farbige Kalkpillen sind ein beliebtes Placebo.

Ich habe meinen Hausarzt gefragt, ob das stimmt, dass Patienten ihrem Arzt nicht mehr wie früher blind vertrauen, sondern sich per Internet selbst über Krankheitssymptome und Medikamente informieren und sozusagen mit einer vorgefassten Selbstdiagnose in die Praxis kommen. Er hat das bestätigt. Bestimmte Patiententypen seien heute der Meinung, besser als der Arzt zu wissen, was ihnen fehlt. „Wehe, du sagst ihnen etwas anderes oder verschreibst ihnen nicht das, was sie verlangen. Die siehst du nie wieder.

Viele Menschen bilden sich auch ein, dass Handystrahlen sie krank machen. Eine kurze Google-Suche genügt, um Hunderte von „wissenschaftlichen“ Studien zu finden, die einen Zusammenhang zwischen Mobilfunkwellen und Hirnkrebs, Innenohrrauschen und sogar mit männlicher Unfruchtbarkeit (wir tragen die Dinger ja schließlich am Gürtel…) herstellen wollen. Das ist

Blödsinn, wie jeder Physiker weiß: Die Strahlenmenge beim so genannten Elektrosmog ist so lächerlich gering, dass sie keine DNA-Veränderung verursachen kann. Keine DNA-Veränderung, kein Krebs, ganz einfach. Das ist auch der Grund, weshalb noch keine wirklich seriöse Studie auf der Welt einen Kausalzusammenhang zwischen Handys und Gesundheitsstörungen nachweisen konnte.

Das hält die Leute aber nicht davon ab zu glauben, dass sie krank sind. Und das stimmt sogar, wie Mediziner an der Universität Mainz jetzt nachgewiesen haben. Sie nennen es übrigens den "Nocebo Effekt".

Dazu haben sie rund 150 Versuchspersonen längere Zeit zusammen mit einem WLAN-Router in eine Kammer gesperrt und ihnen gesagt, dass sie jetzt mit Strahlen vollgepumpt würden. In Wirklichkeit war das Gerät überhaupt nicht angeschlossen. Trotzdem klagten anschließend mehr als die Hälfte der Probanden über Kopfschmerzen, Schwindel, brennender Haut oder einem Kribbeln in Händen, Beinen oder Füssen. Noch schlimmer war es, wenn die Versuchspersonen vorher einen reißerischen Medienbericht über die angeblichen Gefahren von Handystrahlen lasen. Was uns lehrt: Lesen kann krank machen!

Ich finde diesen „umgekehrten Placebo-Effekt" faszinierend. Überraschen tut es mich aber nicht. Merke: Der Glaube versetzt Berge – auch wenn manchmal gar keine Berge in der Nähe sind!

(12.7.2013)

EIN COMPUTER ZUM KÜSSEN

Technik kann Leidenschaft auslösen

Lieben Sie Ihren Computer? Ich meine: Lieben Sie ihn wirklich? Haben Sie ihn zum Beispiel so gerne, dass Sie ihm gelegentlich einen zarten Kuss auf den Bildschirm setzen würden? Dann sind Sie Ihrer Zeit voraus, jedenfalls laut Christian Lamprechter, Deutschlandchef von Intel, dem Halbleiter-Riesen, der uns so Dinge beschert hat wie Moore's Law (verdoppelte Chipleistung alle 18 Monate), die „Wintel-Allianz" mit Microsoft und den schon fast ubiquitären Werbespruch „Intel inside".

Lamprechter ist eigentlich eher ein ruhiger, kopfgesteuerter Typ. So wirkt er jedenfalls auf mich. Kein feuriger Südländer, schon eher der kühle Klare aus dem Norden, der sein Gefühlsleben gut im Griff hat. Aber in seinem tiefsten Innern scheint wohl ein Vulkan zu brodeln.

Das wurde überdeutlich bei der Vorstellung der neuen ultraflachen, ultraschnellen und folglich auch „Ultrabook" genannten Laptop-Generation im Münchner Haus der Kunst. Nun ja, es sind ja auch schicke Teile, die kleinen Dinger, fast so schön wie die legendären Eierbücher von Apple, die bislang als das Nonplusultra in der Laptop-Couture galten. Toshiba, Acer, Dell, Samsung, Asus, Lenovo und Sony waren in München mit ihren neuesten Kreationen vertreten, die nur noch so flach sind wie ein Essteller (mit 15 mm nennt sich der „Aspire S5" von Acer denn auch „the world's thinnest ultrabook") und teilweise in modischen Designerfarben glänzen – der Computer wird eben immer mehr zum Lifestyle-Accessoire.

Christian Lamprechter war von den schlanken Schönen so begeistert, dass er sich zu einem Ausspruch hinreißen ließ, der sofort zum Nachdenken anregte. Das seien nämlich „Computer zum Küssen!“ Später setze er sogar noch eines drauf, als er schwärmte: „Wir wollen den Computer mit all unseren Sinnen erfassen können.“

Abgesehen davon, ob wir das auch wirklich wollen, wirft diese Vision einige praktische Probleme auf. So erinnerte ich mich gleich mein fettverschmiertes Smartphone-Display. Ich trage mittlerweile stets ein Brillenputztuch bei mir, um mein Mobiltelefon abzuwischen, damit ich wieder etwas auf dem Bildschirm erkennen kann. Das muss ich ja dann wohl auch in Zukunft mit meinem Laptop-Bildschirm machen. Und was, wenn die Ultrabook-Besitzerin gerade ihren Lippenstift erneuert hat? Knutschflecke auf dem Computer werden ein Grund sein, in Zukunft immer ein Fläschchen Makeup-Entferner mitzuführen.

Was die anderen Sinne angeht, mit denen ich in Zukunft meinen Computer erfassen soll, so steht die Entwicklung doch wohl eher am Anfang. Der Tastsinn ist das eine: Ein paar Streicheleinheiten am Tag müssten ja eigentlich auch genügen wenn erst mal die stürmischen Gefühlswallungen frischer Computerliebe der komfortablen Vertrautheit einer langjährig gewachsenen Zweierbeziehung gewichen sind. Aber was ist beispielsweise mit dem Geruchsinn?

Nun, fragen Sie die Engländerin Jenny Tillotson. Die Forscherin an der University of the Arts in London arbeitet an dem ersten interaktiven "Geruchs-Outfit" der Welt – Designerklamotten, die das Rezept für individuelle Parfüms aus dem Internet herunterladen und mittels eigens dafür entwickelte Mikrochips in Duftnoten umwandeln können. Die Halbleiterchips sind wie kleine Laborkästen aufgebaut und enthalten winzige Flüssigkeitsmengen, die miteinander kombiniert und über Düsen in der Damenoberbekleidung an die Umwelt abgegeben werden sollen. „eScent" soll den Durchbruch und damit vielleicht neue Bedeutung bringen für den genervten Satz vieler PC-Besitzer: „Mein Computer stinkt mir!"

Ich wünsche mir jedenfalls einen Computer für den Geschmackssinn. Wir schön wäre es, wenn man sich mit Freunden zum Feierabendbier verabreden könnte, ohne aus dem Haus gehen zu müssen? Danach gebe ich meinem Computer einen kleinen Gutenachtkuss – und schalte ihn aus!

(29.8.2012)

AUF DEN HUND GEKOMMEN

Warum Werbung im Internet häufig nach hinten losgeht

Im Internet bin ich bekannt wie ein bunter Hund. Daran bin ich natürlich selber schuld. Ich fülle ja dauernd Online-Formulare aus, um mir Zugang zu irgendwelchen mehr oder weniger nützlichen oder unterhaltsamen Websites zu beschaffen oder um etwas in einem E-Shop zu bestellen. Und da heißt es jedes Mal von Neuem: Name eintragen, Straße, Postleitzahl, Wohnort, Telefonnummer, E-Mail-Adresse. Manchmal wollen sie auch die Faxnummer (obwohl ich seit Jahren kein Fax mehr gesendet habe und nur selten eines bekomme), häufig auch mein Geburtsdatum, beim Online-Einkauf natürlich auch die Kreditkartennummer. Und falls ich mein Passwort einmal vergessen sollte, werde ich häufig auch nach dem Geburtsnamen meiner Mutter oder dem Vornamen meines Hundes gefragt.

Leider habe ich gar keinen Hund, aber ich sollte mir vielleicht einen zulegen. Den könnte ich dann auf solche Leute wie die Betreiber von Vistaprint hetzen. Eigentlich ist Vistaprint eine ganz tolle Firma: eine Druckerei, die Visitenkarten, Briefbögen und andere unverzichtbare Kommunikationsmittel liefert. Man kann dort per Internet bestellen, tippt (wieder mal) seine persönlichen Daten ein und bekommt das Gewünschte pünktlich und zu einem wirklich günstigen Preis ins Haus geliefert.

Seitdem ich Kunde von Vistaprint bin, bekomme ich aber fast jeden Tag E-Mails mit Betreffzeilen wie diese: „Dankeschön,

Herr/Frau Cole. 24 Stunden bleiben, um es herauszufinden." Wenn ich weiterlese, finde ich heraus, dass Kugelschreiber mit meinem Firmenlogo bei Vistaprint um 50 Prozent herabgesetzt sind, oder dass es jetzt „Baseball-Caps gratis!" gibt.

Ganz pfiffig, also – wenn da nicht die Anrede wäre. „Herr/Frau Cole" – ja was denn nun? Männlein oder Weiblein – wissen die das denn nicht? Ich habe mir doch die ganze Mühe gemacht, alles einzutippen, und die kriegen es einfach nicht auf die Reihe. Was ist das denn für ein Sauladen! Lass mich bloß in Ruhe!

Das ist jedenfalls meine Reaktion. Ihre wahrscheinlich auch, geneigter Leser. Und so geht ein eigentlich wohlgemeinter Schuss nach hinten los, denn im Prinzip hat Vistaprint ja verstanden, worum es im Online-Zeitalter geht: um persönliche Ansprache und intelligentes Beziehungsmarketing. Mit Hilfe von modernen Computern, Datenbanken und so genanntem Customer Relationship Management, kurz CRM, kann heute jedes Unternehmen seine Kunden trotz Massenversand personengenau mit den richtigen Informationen ansprechen.

Unter der Überschrift „Kein Mangel an Kundendaten" berichtete kürzlich die Fachzeitschrift „InformationWeek" über den angeblichen Geschäftsalltag im Internet-Zeitalter: „Mitarbeiter aus den Bereichen Marketing und Vertrieb können in ihren Dokumentenerstellungsprozess automatisierte Recherche-Funktionen einbauen, die Informationen über einen Kunden aus Briefen, Rechnungen, Depotauszügen oder Lieferscheinen zusammenfassen und so ein Bild über das genaue Kaufverhalten liefern." Klingt toll, jedenfalls in der Theorie. In der Praxis kommt leider am Ende oft so etwas wie „Herr/Frau Cole" heraus…

Neulich erzählte mir der Marketing-Guru und Bestseller-Autor Edgar K. Geffroy („Das einzige, was stört, ist der Kunde“) eine nette Geschichte: Er sei im Ritz Charlton in Berlin aus einem Taxi gestiegen und wurde vom Portier mit den Worten begrüßt: „Guten Abend Herr Geffroy, herzlich willkommen.“

Geffroy ist natürlich auch bekannt wie ein bunter Hund, aber was ihn wunderte: Er war er noch nie zuvor in diesem Hotel. Wie sich herausstellte, hatte der Mann seinen Namen einfach vom Koffer abgelesen. Und die Anrede hat auch geklappt. Anders als im Internet.

(3.2.2013)

EIN TICKET IN DIE VERGANGENHEIT

Von den Tücken des Online-Handels

Das Digitalzeitalter hat uns manchen Fortschritt beschert. Wie mühsam war doch damals die Fliegerei, als man noch ein Papierticket brauchte, das man sich im Reisebüro oder bei der Fluggesellschaft besorgen musste. Und wenn es weg war, war es weg, meistens jedenfalls. Ich erinnere mich mit Schrecken an eine Rucksackreise nach Indonesien im Jahre des Heils 1980, wo man mir selbigen samt Pass, Bargeld, Reiseschecks und natürlich auch die Rückflugkarte klaute und ich bettelarm und reichlich hilflos im Büro der staatlichen Fluggesellschaft Garuda um Ersatz vorsprach. Nach mehreren Stunden – das Telefax-System in Jakarta streikte gerade, wie so oft – erbarmte sich meiner eine hübsche junge Angestellte und stellte mir, ohne dass sie dazu autorisiert war, sozusagen auf Verdacht einen Flugschein aus, bat mich aber inständig, mich gleich nach der Ankunft beim Ticketschalter in Singapur zu melden und die Sache klar zu stellen. „Wenn Sie das nicht tun, bin ich meinen Job los. Und an meinem Gehalt hier hängt meine ganze Familie – meine Kinder, meine Großeltern und meine Schwiegermutter“, sagte sie ängstlich.

Ich weiß nicht, was ihr den Mut zu einem so tollkühnen Regelverstoß gab, aber ohne sie säße ich vielleicht immer noch in Fernost fest. Jedenfalls ging die Sache für uns beide gut aus: Ich gelangte wieder zurück in der Zivilisation, und sie konnte ihre Arbeitsstelle behalten. Heute wäre die Sache natürlich ganz einfach: Ich würde mir das eTicket einfach nochmal aufs Handy runterladen und es beim Einchecken der freundlichen Stewardess zeigen.

Ja, wir sind weit gekommen in der Zwischenzeit, jedenfalls beim Fliegen. Als Konzertbesucher jedoch steckt man leider noch mitten in der digitalen Steinzeit. Als ich neulich mit meiner lieben Frau eine Reise nach Berlin plante, stellten wir erfreut fest, dass man in der Philharmonie ein Konzert des Deutschen Symphonie-Orchesters Berlin mit einem unserer Lieblingsstücke von Aaron Copland, seine „Appalacian Symphony“, zu geben beabsichtigte. Also ging ich auf die Website von berlin.de und bestellte zwei Tickets, die ein paar Tage später auch per Schneckenpost bei uns in München eintrudelten.

Als wir dann in Berlin die Koffer auspackten, fragte mich meine Frau: „Wo sind eigentlich die Tickets fürs Konzert?“ Ich schaute sie etwas ratlos an und sagte: „Die hast doch du eingesteckt, oder?“ Hatte sie natürlich nicht, also mussten sie nach wie vor daheim auf der Biedermeierkommode liegen, wo wir immer unsere Eintrittskarten hinlegen, damit wir ja dran denken und nicht irgendwann belämmert in Berlin dastehen und keine Karten haben…

Aber wir hatten ja zum Glück noch ein paar Tage Zeit. Und ich hatte auch die Quittung als E-Mail in meiner Mehlbox, und die enthielt die Bestellnummer. Also rief ich bei Berlin Ticket an und bat die nette Dame um Ersatztickets. „Das geht nicht so einfach“, belehrte sie mich in einem etwas strengen Ton, so als hätte ich etwas Unanständiges gesagt. Die Karten hätte uns nämlich in Wirklichkeit ein gewerbliches Ticket-Büro verkauft, sie selbst seien nur vermittelnd tätig gewesen. Und auf deren Datenbank habe sie keinen Zugriff. Am besten, meinte sie, sollte ich beim Veranstalter selbst anrufen, in diesem Fall die Berliner Symphoniker. Dort fand ich auf der Webseite auch gleich die Telefonnummer des „Besucherserservice", und spätestens da hätte ich vielleicht hellhörig werden sollen, denn ein solcher Druckfehler ist ja wohl eher ein Hinweis, dass man bei den Symphonikern nicht allzu häufig auf seine eigene Seite klickt.

Tatsächlich erreichte ich einen freundlichen jungen Mann, der mir sagte, er könne gar nichts tun, weil er ja schließlich keinen Zugang zu den Daten von Ticket Online habe. Ich könnte die aber gerne an ihn verweisen, vielleicht ließe sich was machen. Also rief ich wieder bei Ticket Online an und gab die Telefonnummer der Symphoniker an und bat, mich per E-Mail wissen zu lassen, ob es mit den Ersatzkarten klappt.

Etwa eine Stunde später bekam ich E-Post von einer „Papagena Kartenvertrieb GmbH", von der ich bislang nie etwas gehört hatte. Das heißt: Ich bekam eigentlich nur eine Kopie, denn die Mail war an die „Rundfunk Orchester und Chöre GmbH Berlin" gerichtet, zu der auch das Deutsche Symphonie-Orchester Berlin gehört. Papagena bat das ROC, uns gegen Vorlage des als PDF-Datei beigefügten „Einlassscheins" ausnahmsweise ohne Ticket rein zu lassen, da diese „für den Kunden nicht mehr auffindbar" seien.

Na ja, abgesehen davon, dass ich auf Reisen war und erst mal eine Möglichkeit finden musste, selbigen Schein auszudrucken, schien die Sache damit erledigt zu sein. Dachte ich jedenfalls – bis ich dann eine Mail vom „ROC-Besucherservice" bekam, in der stand: „Bitte senden Sie uns zur Ausstellung von Ersatzkarten eine eidesstattliche Erklärung über den Verlust der Karten per Email. Wir hinterlegen Ihnen dann Ersatzkarten an der

Abendkasse, die Sie dort unter Ihrem Namen … abholen können.“

Ich habe noch nie eine eidesstattliche Erklärung abgegeben und weiß deshalb nicht, wie eine aussieht. Gibt es dafür vielleicht eine besondere Schriftform? Muss womöglich ein Notar seinen Stempel drunter setzten? Ich habe also vorsichtshalber meinen Anwalt angerufen, der meinte, es genüge eine E-Mail mit der Formulierung „ich erkläre hiermit an Eides statt, dass etc. etc.“ Das heißt. Strenggenommen sei das ja nicht rechtens, wenn die E-Mail keine Digitale Signatur trage, aber im Normallfall reicht das aus, und wo kein Kläger, da kein Richter, und so weiter.

Das Konzert ist am Samstagabend, und ich bin ganz schön gespannt, ob wir reinkommen. Ich kann mir aber den Gedanken nicht ganz verkneifen: Irgendwie hätte das alles auch einfacher gehen können. Von wegen Fortschritt durch Technik…

Wenn meine nette Garuda-Stewardess damals so umständlich gewesen wäre wie eine deutsche Ticketverkäuferin, da säße ich jetzt immer noch in Jakarta.

(22.3.2012)

DIE FREUNDE SIND SCHON DA!

Mit der Offenheit des Internet tut sich mancher schwer

Alle sieben Jahre, das sagen uns die Biologen, erneuert sich der menschliche Körper einmal sozusagen rundum. Zwischen zehn und 50 Millionen Körperzellen werden pro Sekunde abgebaut und durch neue Zellen ersetzt. Rein rechnerisch sind wir danach also ganz neue Menschen.

Beim Internet hat es etwas länger gedauert, aber wenn man davon ausgeht, dass der Durchschnittsdeutsche ungefähr seit dem Jahre 1995 weiß, was der World Wide Web ist, dann hat es genau zehn Jahre gedauert, bis der amerikanische Medienguru Tim O'Reilly die Zeit für reif hielt, es neu zu erfinden. Seitdem geistert der Begriff „Web 2.0" herum und suggeriert etwas völlig Neues, was natürlich Blödsinn ist, denn es handelt sich immer noch um das eine, das gute alte Web 1.0, das jetzt nur ein bisschen schneller geworden ist und sich leichter bedienen lässt. Genau wie der Mensch nach sieben Jahren auch noch ganz der Alte ist. Nur seine Zellen sind andere geworden.

Weil „Web 2.0" eine so offensichtliche Mogelpackung ist, sich aber andererseits doch eine ganze Menge geändert hat, haben ein paar kluge Leute einen Alternativbegriff erfunden, der den Kern der Sache besser trifft. Sie sprechen vom „Mitmach-Internet". Gut, auch früher konnte jeder mitmachen in der bunten Welt hinter dem Bildschirm, aber es war mühsam, irgendwelche Texte oder Bilder mit Hilfe von HTML-Editoren auf

Webseiten zu platzieren und dann mit einem FTP-Tool auf einen Internet-Server zu übertragen.

Heute geht das per Mausklick und Browser, und deshalb wollen auch alle, alle plötzlich mitmachen. Neu ist also allenfalls die Begeisterung derjenigen, die bisher nur reine Zuschauer waren, denn jetzt erfüllt sich für sie die Prophezeiung der alten Internet-Pioniere, zu denen auch ich mich zähle, nämlich dass jeder in Zukunft sein eigener Verleger, Fernsehproduzent und Filmemacher sein wird. Die Tage der Einweg-Medien sind gezählt, die Rollen werden neu verteilt. Was nicht ganz ohne Reibungsverluste gehen wird, denn Verlage, Fernsehstationen und Filmstudios lassen sich nur ungern das Heft aus der Hand nehmen. Immerhin waren sie es, die bislang bestimmt haben, was wir, das hochgeschätzte Publikum, medial aufgetischt bekommen und was nicht. Blogger werden von Profi-Journalisten als Wettbewerber empfunden. Dank „Books On Demand“ kann jeder, der sich zum Autoren berufen fühlt, sein Buch auf den Markt bringen, ohne dass ein Verleger auch nur einen müden Cent verdient. Und auf YouTube kann ein billiger Amateurfilm ein Publikum erreichen, das Millionen zählt. Eine kleine Hinterhofband kann zu Weltstars aufsteigen, ganz ohne Plattenfirma, einfach indem sie ihre Musik bei iTunes reinstellen.

Die Industrie versucht zwar, die Zahnpasta wieder in die Tube zurück zu bekommen, aber das geht nicht. Es herrscht im Cyberspace fröhliche Anarchie, und die bedroht die überkommenen, aber eingefahrenen Geschäftsmodelle und Vertriebswege. Es stellt sich nämlich heraus, dass die große Mehrzahl der Benutzer den alten Spruch aus den Kindertagen des Internet, wonach Inhalte frei sein wollen, wörtlich nimmt. Nur dass sie

„frei“ nicht im Sinne der Selbstbestimmung, sondern ganz knallhart monetär auslegen und sich weigern, für Textinformationen, Musikstücke oder Online-Videos zu bezahlen. Stattdessen stellen sie alles auf irgendwelchen Online-Plattformen online: „Tauschbörsen“ für Musik oder Filme, auf denen der neueste Hollywood-Knüller unter Umständen noch vor dem offiziellen Kinostart kostenlos zu sehen ist oder Teenager ihre komplette CD-Sammlung zum Herunterladen ins Netz stellen. Die Medienkonzerne reagieren darauf mit Klagedrohungen und machen Druck auf die Politik, damit diese die Urheberschutzgesetze verschärfen. Aber ein bisschen kommt einem das so vor wie das Märchen von dem kleinen Holländer, der das Loch im Deich mit seinem Daumen verstopfte. Das Internet lässt sich aber ebenso wenig wie die Nordsee auf Dauer stoppen.

Das Mitmach-Internet ist nämlich zu einer riesigen, unaufhaltsamen Massenbewegung geworden, so wie einst die Bürger, die sich in der ehemaligen DDR wie Kerkerhäftlinge fühlten und deshalb mit dem Schlachtruf auf die Straße gingen: Wir sind das Volk!“ Das Online-Volk ist dabei, ein Gefühl von Zusammenhalt und Gemeinschaft zu entwickeln, das stärker ist als Gesetze, die von ihnen als unrecht empfunden werden. Das Copyright ist ein gutes Beispiel. Die große Mehrheit der Jugendlichen empfindet kein Unrechtsbewusstsein, wenn sie ihre Musikstücke mit Freunden tauschen. Wobei der Begriff „Freunde“ inzwischen eine solche Ausweitung erfahren hat, dass sie herkömmliche juristische Definitionen sprengt.

„Freund“ ist inzwischen nicht mehr jemand, den ich kenne und mit dem ich nach Feierabend ab und zu ein Bierchen trinke. Im Internet ist mein Freund jemand, zu dem ich eine wie auch immer geartete Beziehung habe. Das kann sein, weil derjenige der Freund eines Freundes eines Freundes ist, den ich auf der Online-Plattform Facebook oder MySpace entdeckt habe. Die Betreiber solcher Netzwerke verstehen es sehr gut, solche oft über mehrere Etappen führende Verflechtungen digital aufzuzeigen und die Kontaktaufnahme so zu erleichtern, dass man irgendwann geneigt ist, einfach jeden Vermittlungsvorschlag („Hans Meier hat Sie als Freund/Freundin auf Facebook vorgeschlagen“) per Mausklick zu akzeptieren, denn es ist oft einfacher, als sich die Mühe zu machen, herauszufinden, wie hoch der Verflechtungsgrad tatsächlich ist und ob mir die Aufnahme des neuen Kontakts in mein eigenenes soziales Netzwerk irgendwelche Vorteile bringt. Außerdem dient eine möglichst hohe Anzahl von „Freunden“ vor allem unter jungen Leuten auch als Nachweis der eigenen Popularität, ganz nach dem Motto: Viel Freund, viel Ehr‘.

Soziale Netzwerke sind beileibe keine Erfindung des Internet-Zeitalters. 1517 wurde in Hamburg die „Versammlung eines Ehrbaren Kaufmanns“ gegründet, die bis heute die Mitglieder in ein ebenso mächtiges wie elitäres Beziehungsgeflecht einbindet, in dem jeder dem anderen aushilft und alle gemeinsam großen Einfluss auf die Geschicke ihrer Stadt ausüben. Die Rotarier, Lions, Kiwanis, Roundtabler und Ambassadoren sind weltweit vernetzt und dienen neben dem Sammeln von Spenden für Waisenhäuser und Tsunamiopfern vor allem dazu, ihre eigenen Mitglieder mit einer gehörigen Dosis „Vitamin B“ zu versorgen. Alumni-Netzwerke sorgen seit Jahrzehnten dafür, dass sich „Ehemalige“ aus Universitäten oder Unternehmen auch später im Leben gegenseitig aushelfen. Das Internet hat diese Form der informellen Nachbarschaftshilfe lediglich auf eine neue Stufe gehoben, etwa wenn in so genannten „Business-Netzwerken“ wie Xing oder LinkedIn Manager, Unternehmer, Freiberuflicher und Selbständige nach potenziellen Partnern oder Geschäftschancen suchen oder systematisch Selbstdarstellung und somit auch Beziehungspflege betreiben können.

Kein Auswuchs des Internet hat aber eine so nachhaltige Veränderung des Sozialverhaltens der Menschen bewirkt wie Online Communities. Auch sie gab es lange bevor Tim O’Reilly das Web 2.0 erfand. Das Usenet wurde 1979 von den Studenten Tom Truscott und Jim Ellis erfunden und war zeitweilig der Treffpunkt von Millionen von Net-Usern, obwohl es sich nur um ein vergleichsweise simples „Bulletin Board“-System handelte, eine Art Schwarzes Brett im Cyberspace, an das man kleine digitale Notizen heften konnte, an die andere ihrerseits wieder Notizen anhängen konnten, so dass sich oft ellenlange „threads“, also virtuelle Gesprächsfäden bildeten. Die Geschichte von der Ente Daisy, die auf Seite 93 erzählt wird, mag die Arbeits-, aber auch die Wirkungsweise dieser primitiven Vorläufer moderner Online-Communities verdeutlichen.

Kommunikation ist ein mächtiges Mittel, um Gemeinschaftsgefühl zu erzeugen, und so wundert es niemanden, dass die Wirtschaft das Potenzial vom Web 2.0 schon lange entdeckt hat. Der Corporate Blog, auf dem der Chef sich mit Texten brüstet, die seine Presseabteilung vorformuliert hat, waren ein erster Versuch, die Kraft des Internet für die Unternehmenspräsentation zu nutzen. Den meisten von ihnen fehlt es aber an der Glaubwürdigkeit, ohne die in einer funktionierenden Gemeinschaft gar nichts geht. Auch die Versuche, eigene Firmen-

Communities aufzubauen, scheitern oft daran, dass eine ängstliche Marketingabteilung die Kommentare der Besucher erst mal von der Rechtsabteilung absegnen lässt, bevor man sie freigibt, so dass jegliche Spontanität im Keim erstickt wird.

Überhaupt eilt den Deutschen der Ruf voraus, ein Volk von „Lurkern" zu sein. Der Begriff leitet sich aus dem englischen Wort „to lurk" ab, was so viel heißt wie „herumschleichen" oder „sich versteckt halten." In der Sprache des Internet ist ein Lurker einer, der sich in Foren, Blogs oder Sozialen Netzwerken herumtreibt, aber selbst dort keine Spuren hinterlässt. Felix Salmon, ein sehr erfolgreicher US-Blogger, schrieb in der „Süddeutschen Zeitung": „Die Menschen haben Angst davor, etwas zu schreiben, das sie dumm aussehen lässt. In Deutschland ist diese Angst besonders stark ausgeprägt, weil hier jedes öffentliche Wort genau gewogen wird. Wenn du über etwas schreibst, womit du dich nicht auskennst, wirst du Angst haben, einen wichtigen Aspekt zu übersehen. Wenn du über etwas schreibst, womit du dich gut auskennst, wirst du Angst haben, dass die Leute dich nicht mehr ernst nehmen, wenn du einen Fehler machst."

Das Mitmach-Internet ist schön und gut, aber wie bringt man die Leute auch dazu mitzumachen? Diese Frage beschäftigt Legionen von Werbeprofis, Marketing-Experten und Kommunikationstheoretikern. Einer von ihnen ist Torsten Schwarz, Herausgeber des Standardwerks „Leitfaden Online-Marketing", der schon lange eine „neue Qualität im Dialog zwischen Anbieter und Kunde" predigt. Doch verhallen seine Rufe meistens in Fachkreisen ungehört, weil sich alte Gewohnheiten schwer abschütteln lassen. Kundenkommunikation ist für viele heute noch eine Einbahnstraße. Der Anbieter stellt sich und sein Produkt dar, der Kunde hat das gefälligst hinzunehmen – und natürlich auch zu kaufen. Aber so funktioniert das nicht mehr im Internet-Zeitalter.

Online-Communities sind zumindest theoretisch eine wunderbare Möglichkeit, bedeutend mehr über den Kunden und seine Wünsche zu erfahren. Das geht sogar relativ einfach, denn Kunden geben sich im virtuellen Raum viel freizügiger und offener als im richtigen Leben. So viel zum Thema Datenschutz. Als der britische Sender BBC vor einigen Jahren Passanten auf der Straße ansprach und ihnen ein Schinkenbrötchen anbot, wenn sie dafür im Gegenzug bereit wären, ihnen Benutzernamen und Passwort ihres Firmennetzwerks zu verraten, war über die Hälfte sofort dazu bereit.

Die neue Offenheit – Datenschützer nennen es Leichtsinnigkeit – nutzen große Markenartikler längst für sich. So hat beispielsweise der Sportschuh-Hersteller Nike seinen Internet-Auftritt ganz auf Web 2.0 umgestellt. Fußball-Liebhaber können sich an Diskussionsforen beteiligen, eigene Bilder und Videos hochladen, an moderierten Wettbewerben teilnehmen oder „Tagebücher“ (wie Blogs vor kurzem noch auf Altdeutsch hießen) von Fußballprofis lesen. Nur eines findet sich dort selten: Kritik an der Firma selbst, etwa weil sie nach wie vor ihre Turnschuhe in Drittweltstaaten von Mindestlöhner in so genannten Sweat Shops“ zusammennähen lassen.

Mit Kritik von Kunden tun sich viele Unternehmen schwer. „Natürlich ist die Kritik oft überzogen, aber auch damit muss man sich auseinandersetzen“, sagt Stefan Grunegger vom Esslinger Handelsunternehmen „fahrrad.de“. Seine Berufsbezeichnung („Web 2.0-Manager“) verrät schon einiges über die Einstellung seines Unternehmens zum neuen Mitmach-Internet. In seinem Kunden-Forum ist bis auf Gossensprache oder persönliche Beleidigung alles erlaubt. Dafür führt er die Community „recht eng“, wie er es beschreibt: Er und seine Kollegen vom Vertrieb schauen täglich mehrmals auf die Seiten, nehmen Stellung oder versprechen Abhilfe, wenn der Fehler auf ihrer Seite liegt. Wichtig sei es, die Leute nicht weg zu bügeln, sondern ernst zu nehmen. Im Gegenzug erhält der Händler ungefiltertes Feedback vom Markt. „Ich erfahre Dinge über meine Produkte, die würde ich sonst im Leben nie mitbekommen“, sagt Grunegger. Vorteil: Er kann mitreden und gegensteuern. Im Ernstfall heißt das aber auch, dass er ein Produkt aus dem Sortiment nehmen lassen muss, weil die Kritik daran gerechtfertigt war.

Es muss sich also noch eine ganze Menge an der Firmenkultur mancher Anbieter verändern, bevor sie sich im Mitmach-Internet wirklich wohl fühlen werden. Und das braucht eben seine Zeit. Die gute Nachricht ist: Die Erneuerung findet meistens ganz von alleine statt, wie beim Menschen selbst. Die schlechte: Das dauert zu lang. Sieben Jahre können und wollen wir nicht mehr warten.

(4.3.2012)

SOCIAL FLYING

Ich hätte gerne die Blondine als Sitznachbarin, bitte!

Fliegen ist schöner, aber nicht, wenn man wie ich neulich neben einer Quasselstrippe landet, die mir von Newark bis München sämtliche Einzelheiten ihres ziemlich kaputten Familienlebens einschließlich gewisser sexueller Neurosen ihres frisch in die Wüste entsandten langjährigen Lebensabschnittsbegleiters erzählen musste. Ich habe schließlich zur letzten letzten Waffe gegriffen, die einem im Gadget-Zeitalter verbleibt, um sich etwas Rückzugsraum zu verschaffen: Ich habe mir die Kopfhörer aufgesetzt und hatte endlich meine Ruhe!

In Zukunft werde ich mir überlegen, ob ich nicht von Lufthansa auf KLM umsteige. Die Käsköppe haben nämlich den endgültigen Social Media App erfunden: "Meet & Seat" erlaubt es mir, mich vorab per Facebook oder LinkedIn darüber zu informieren, wer bei meinem nächsten Flug alles mit an Bord ist und bei gegenseitigem Gefallen eine Art Platz-Partnerschaft zu beschließen. Umgekehrt kann ich vermutlich auch festlegen, neben wem ich auf gar keinen Fall sitzen möchte!

In der nächsten Ausbaustufe soll Meet & Seat dem Vernehmen nach zu einer Art basisdemokratischen Abstimmplattform ausgebaut werden. Dann können wir Businessreisende endlich gemeinsam beschließen, dass die Familie mit Schreikindern nach ganz hinten umgesetzt wird. Vielleicht können wir sie auch, wenn wir uns alle einig sind, auf eine andere Maschine umbuchen. Das Gleiche gilt für Ex-Ehefrauen, unsympathische Kollegen, ungeliebte Chefs und Poltiker jedweden Coleurs. Umgekehrt könnte ich mir vielleicht beim nächsten Mal die hübsche Blondine als Sitznachbarin aussuchen, die mich so aufreizend von ihrer Facebookseite anlächelt und dort eine gewisse Vorliebe für ältere Bartträger mit Bauchansatz sowie den Wunsch äußert, endlich mal Mitglied im "Mile High Club" zu werden, es also schon mal über dem Atlantik in einer Flugzeugtoilette getrieben zu haben. Was natürlich dann voll nach hinten losgehen würde, wenn die Dame in Wirklichkeit 75 Jahre alt ist und ein Hörgerät trägt – hey, on the Internet nobody knows you're a dog!

Wahrscheinlich werde ich mich am Ende nur noch wundern, weil ich immer alleine sitze. Das heißt: Vielleicht ist das das Beste, was uns Meet & Seat bescheren kann. Ich werde jedenfalls schon mal über meine Facebookseite verbreiten lassen, dass ich leidenschaftlicher Knoblauchesser bin und an krankhafter Schwatzsucht leide. Wetten, ich hab' bald das halbe Flugzeug für mich?

(24.2.2012)

DAS RASER-NETZWERK

„Social Speeding" als neuer Volkssport

Gemeinsam sind wir stark, das ist das neue, alte Motto im Zeitalter des Social Web. Wenn wir zusammenhalten und uns austauschen, erreichen wir mehr, als wenn jeder nur so vor sich hinwurschtelt.

Der amerikanischen Firma Escort, Hersteller von Radardetektoren, ist es nun zu verdanken, dass sich das Spektrum des heißen kollektiven Bemühens um die Frage der flotten Fortbewegung bereichern lässt. In den USA haben bekanntlich viele Autofahrer ein Warngerät auf dem Armaturenbrett liegen, das sie rechtzeitig durch lautes Piepsen vor Radarfallen der Polizei warnt.

Das weiß die Polizei natürlich auch, und deshalb benützen die Bullen auf den Highways meistens Radarpistolen. Das hat den Vorteil, dass sie nur ganz kurz aktiviert werden müssen, und schon ist der Schnellfahrer im wahrsten Sinne des Wortes „abgeschossen." Der Radardetektor hat also gar keine Zeit, sein Herrchen akustisch anzustupen.

Escort hat deshalb jetzt auf der Consumer Electronics Show in Las Vegas ein Zusatzgerät vorgestellt, dass andere Autofahrer, die ebenfalls über ein solches Gadget verfügen und gerade in der Nähe sind, benachrichtigt, wenn ich gerade in die Radarfalle getappt bin. Das nützt mir selbst zwar nichts, aber den anderen. Und beim nächsten Mal bin ich ja vielleicht derjenige, der gewarnt wird. „Social Speeding" wäre dafür ein guter Name, finde ich.

Damit eröffnet sich dem von strengen Tempolimits gebeutelten Amerikaner endlich die Chance, so schnell zu fahren, wie er will, ohne ständig Angst haben zu müssen, dem nächsten Sheriff vor die elektronische Flinte zu laufen. Und es ist viel billiger als die Alternative, nämlich sich ein Flugticket nach Germany zu kaufen.

Als ich neulich nämlich in San Francisco einem meiner Landsleute sagte, dass ich in Deutschland lebe, fragte er: „Do you sometimes get to drive on the Autobahn?" Es stellte sich heraus, dass der Typ dachte, die Autobahn sei ein abgeschlossener Rundkurs, wo man Geld dafür bezahlt, ein paarmal mit Vollgas eine Runde drehen zu dürfen.

(12.1.2013)

DIE ENTE DAISY

Soziale Netzwerke können Leben retten

Die zwischenmenschliche Begegnung per Computer und Internet kann ebenso befriedigend und lohnenswert sein wie die Begegnung auf der Straße, im Café oder im Büro – geschweige denn über das Telefon, bei dem wir uns nicht sehen, dennoch aber glauben, eine unmittelbare und intensive Kommunikation betreiben zu können. Wer das nicht glaubt, der muss sich nur in den Chat-Foren, den Diskussionsgruppen oder den Online-Communities im Internet umsehen und erleben, was dort abgeht.

Ein Beispiel aus der Praxis kann das verdeutlichen: Beim Hochwasser der Isar im Frühjahr 1995 brachte unsere damals zehnjährige Tochter eines Tages ein winziges Entenküken mit nach Hause. Das Tier war offenbar von den Wassermassen fortgeschwemmt worden. Jedenfalls war es, als es gefunden wurde, bereits unterkühlt und entkräftet.

Unsere Tochter schaute mich mit großen Kinderaugen an und sagte: „Papi, was machen wir damit?" Als begeisterter Hobbykoch hätte ich ihr zwar ein paar Rezepte für Enten sagen können, nicht aber, wie man eine wenige Tage alte Ente füttert oder großzieht. In unserer Not beschlossen wir, gemeinsam ins Internet zu gehen und Hilfe zu holen. Schließlich soll es ja Online-Foren zu jedem erdenklichen Thema der Welt geben, warum also nicht auch zu diesem? Tatsächlich fanden wir nach wenigen Minuten eine Diskussionsgruppe, die sich *rec.pets.birds* nannte und in der sich Menschen treffen, um sich per E-Mail über das Halten von Vögeln als Haustiere auszutauschen. Wir schrieben eine kurze Mitteilung, etwa folgenden Wortlauts: „Hilfe – was machen wir mit einem zehn Gramm schweren Entenküken, das von seiner Familie getrennt worden ist?“

Was dann geschah, war überwältigend. Innerhalb von einer Stunde waren bereits Antwortschreiben im elektronischen Briefkasten, das erste witzigerweise aus unserem Wohnort München (so viel zur Aufhebung von Zeit und Raum ...). Innerhalb von 24 Stunden kamen rund 400 Mails zurück, teilweise von Spinnern, teilweise auch nur von Leuten, die uns (und natürlich dem Tier) Glück wünschen wollten. Es waren aber auch eine Handvoll ernstgemeinter Antworten dabei, darunter eine mehrseitige „Gebrauchsanweisung für junge Enten“, die eine Tierpflegerin aus Santa Monica in Kalifornien für uns geschrieben hatte und in der sie detailliert beschrieb, wie man ein Entenküken füttert und wie man den Käfig einrichtet („unbedingt eine Infrarotlampe über den Käfig hängen, sonst bekommt es wahrscheinlich eine Lungenentzündung, wenn es alleine ist ohne die Körperwärme der Mutter“). Außerdem riet sie uns, einen Spiegel in den Käfig zu stellen, weil Enten gesellige Wesen seien, die Spielkameraden brauchen, sonst würden sie Verhaltensstörungen entwickeln.

Daisy, wie wir die kleine Ente genannt haben, ist übrigens groß und fett geworden. Wir haben sie nicht in Orangensauce serviert, sondern gemeinsam wieder an der Isar ausgesetzt, wo sie sich gleich zu einer Gruppe von anderen Entenweibchen gesellt hat. Natürlich haben wir die Leute, die uns geschrieben haben, auch zurückgeschrieben. Zu einigen von Ihnen habe ich heute noch Kontakt, elektronisch und auch sonst. Die Tierpflegerin beispielsweise hat uns ein Jahr später bei einem Europaurlaub kurz besucht, und wir schreiben uns immer noch regelmäßig Mails, wobei es da längst nicht mehr um Daisy, sondern um ganz andere Dinge geht.

Wenn dieses Beispiel etwas zeigt, dann doch dies: Das Internet ist als Mittel zwischenmenschlicher Kommunikation genauso geeignet wie andere, die längst akzeptierter Bestandteil unseres Alltags geworden sind wie Telefon oder Briefe. In E-Mails feiert sogar die verloren geglaubte Kunst des Briefeschreibens fröhliche Auferstehung. In Communities und Chat-Foren treffen Gleichgesinnte aufeinander, lernen sich kennen, reden, diskutieren, streiten, schimpfen. Das ist soziale Interaktion in einem Ausmaß und einer Qualität, die weit über das einfältige Kneipengespräch über Fußball oder über die einsilbige Kommunikation von „Couch Potatos“ über das kümmerliche TV-Programm hinausgeht.

Diese Wiedergeburt der Schriftsprache, deren Niedergang von Philologen seit Jahrzehnten beklagt wird, steht im Zusammenhang mit dem Verdrängungswettbwerb der Medien, den Forscher in Amerika bereits deutlich ausgemacht zu haben glauben. Dort verbringen junge Menschen zwar immer mehr Zeit vor dem Bildschirm, sehen dafür aber weniger fern. Das Internet kann zumindest in dieser Zielgruppe zu Lasten des Konkurrenzmediums Fernsehen gehen, was man nun beklagen oder begrüßen mag: Auf jeden Fall ist klar, dass durch die Ausbreitung des Internets die Anzahl der Alternativen größer geworden ist – und damit die Wahlfreiheit des mündigen Bürgers.

Und noch eins: Im Internet sind alle gleich. Gerade die vielbeklagte Anonymität des Computerbenutzers ist für manche der eigentliche Reiz. Hier gibt es nicht groß und klein, arm und reich, hübsch und hässlich, krank und gesund. Man(n) kann Frau sein oder umgekehrt, je nach Belieben. Der Ängstliche produziert sich als Draufgänger. Der Scheue spielt den Salonlöwen. „If you can imagine it, you can do it" („wenn du's dir vorstellen kannst, dann kannst du es auch tun") sagt der Zukunftsforscher Paul Saffo. Er meint aber nicht irgendein fernes Morgen, sondern das Hier und Heute im Internet. Das ist ja in erster Linie ein Kommunikationsmedium, doch den wenigsten ist klar, was das wirklich bedeutet.

(4.8.1996)

ERPRESSUNG 2.0

Die Schattenseiten von Empfehlungsnetzen

Die Geschichte ging bei uns hier in München durch sämtliche Lokalzeitungen: Unverfrorene Touristen, die meisten aus Amerika (so leid es mir als Amerikaner tut, es sagen zu müssen) haben beim Oktoberfest kräftige Nachlässe auf die Zimmerpreise in den hiesigen Hotels gefordert. Andernfalls würden sie dem Hotelier bei *TripAdvisor.com* eine miese Beurteilung verpassen.

TripAdvisor, für diejenigen unter den geneigten Lesern die noch so etwas Altmodisches wie ein Reisebüro aufsuchen, ist das Mekka der Individualreisenden, die ihren Urlaub per Internet planen und organisieren. Jeder kann dort seine Bewertung eines Hotels, eines Restaurants oder einer Urlaubsdestination hinterlassen. Andere lesen diese „recommendations" und können dann gleich ihre eigene Reise zu den empfohlenen Zielen buchen.

Wie die meisten Benutzer dieser Website habe auch ich bislang den dort abgegebenen Beurteilungen meistens vertraut. Tja. So kann man sich eben irren.

Nun ist der fiese Trick nicht gerade neu. Wenn ich in Südeuropa mit dem Mietauto an der Ampel halte, bietet mir häufig ein hilfreicher junger Mann an, die Frontscheibe zu putzen, auch wenn sie es eigentlich gar nicht nötig hat. Wenn ich dankend abwinke, dann kommt es schon mal vor, dass der Kerl mir den Scheibenwischer abreißt oder verbiegt.

Insofern ist das, was meine Landsleute in München getan haben, nicht wirklich neu. Man könnte es vielleicht „Erpressung 2.0“ nennen.

Es bleibt aber eine Riesen-Schweinerei, und die Typen sind miese Betrüger. Wie aber soll man erkennen, ob einer im Internet ein Ehrenmann ist und seine Empfehlung deshalb auch vertrauenswürdig? Man kann ihm ja nicht per Internet tief in die Augen schauen – eine Methode der Charaktererkennung, die allerdings auch im richtigen Leben manchmal zu Fehlurteilen führt. Der Hochstapler Felix Krull wirkte ja laut Thomas Mann „außerordentlich einfühlsam“.

Was wir eigentlich brauchen ist ein Online-Reputationssystem, das so funktioniert wie die Sterne im Michelin-Reiseführer: drei Sterne – der Mann ist absolut integer, zwei Sterne – na ja, ein Stern – passen Sie auf Ihren Geldbeutel auf und sperren Sie ihre Töchter in den Keller!

Leider hat noch niemand ein solches System erfunden, auch wenn sich gerade viele daran versuchen. Es ist eben nicht ganz leicht, sehr unterschiedliche Reputations-Merkmale aus verschiedenen Quellen zusammen zu führen und in ein einheitliches Ausgabeformat zu übersetzen, etwa eine Zahl, Sterne oder eventuell in internetgerechte „Smileys“ – kleine lächelnde Gesichter aus Interpunktionszeichen, so wie früher der alte Spruch: „Punkt, Punkt, Komma, Strich, fertig ist das Mondgesicht…“

Es gibt nämlich bereits viele Online-Fundstellen, die Auskunft geben über Verlässlichkeit einer Person. Das eBay-Ranking zum Beispiel. Das ist die Summe der Noten und Bewertungen, die mir andere Kunden gegeben haben, mit denen ich auf der großen Auktions-Plattform im Internet als Käufer oder Verkäufer mal zu tun hatte. Wer dort 100 Prozent positive Bewertungen nachweisen kann, der kann ja kein ganz schlechter Mensch sein, oder?

Ich könnte also jeden Unbekannten zuerst auffordern, mir sein eBay-Ranking mitzuteilen, bevor ich mit ihm ins Geschäft einsteige. Ähnliche Bewertungssysteme gibt es beispielsweise bei Amazon, aber auch die Beurteilungen in sozialen Netzwerken wie Facebook oder Xing können sehr aufschlussreich sein.

Damit wird aber klar, dass der digitale Ruf des Menschen in Zukunft immer wichtiger für ihn sein wird. „Das Internet vergisst nichts", heißt es ja zu Recht. Wer mich einmal gelinkt hat, der entkommt mir nicht.

Andererseits werden wir die Auszeichnungen, die wir im Internet erhalten haben, in Zukunft stolz vor uns hertragen. Ich habe kürzlich zum Beispiel von eBay einen Stern bekommen, so wie im Kindergarten, wenn wir den ganzen Tag brav waren. Damals bekamen wir ihn auf die Stirn gepappt. Tja, ich selbst habe das nicht allzu oft erlebt, aber meine Nachbarin Frusi kam beinah jeden Tag besternt nach Hause, und da gab es dann nochmal Lob von Mami und Papi. So ein liebes Kind…

Vielleicht war ich deshalb im ersten Moment so beglückt als ich jetzt von eBay eine Mail bekam, in dem mir mitgeteilt wurde, dass ich einen türkisfarbenen Stern bekommen habe dafür, dass ich mehr als 100 positive Bewertungspunkte von anderen eBay-Kunden erhalten habe, mit denen ich in den letzten zwölf Monaten zu tun hatte. Konkret waren es 22, die etwas von mir gekauft haben oder die mir etwas verkauft haben. Und das Beste ist: Alle 22 waren offenbar mit mir zufrieden, denn mein Bewertungsprofil weist die Note „100%“ aus.

Ganz so makellos ist mein Bewertungsprofil allerdings nicht. Wer darin blättert, findet folgende Warnung des eBay-Mitglieds „leergutankauf“: „VORSICHT !!! Verkauft leere Ware als NEU & VOLL ! Ebay informiert! NOTE 6- !!!“ Darunter steht aber: „Bewertung einvernehmlich zurückgenommen“. Ich hatte bei diesem Händler eine Tonerkartusche bestellt, und irgendjemand hat dort Mist gebaut, sprich mich mit einem echten Stinkstiefel verwechselt und mir flugs eine schlechte Note verpasst. Sie wurde zwar sofort zurückgenommen, aber endgültig löschen lässt sich sowas bei eBay nicht.

Ich las neulich, dass der britischer Betreiber eines Direktkreditportals die eBay-Note mittlerweile als ein Kriterium in seine Bonitätsprüfung einfließen lässt. Davon hat eBay aber nichts. Wenn ich dort etwas zu sagen hätte. würde ich versuchen, ein nettes kleines Nebengeschäft als „Vertrauens-Makler“ aufzubauen. Als Kunde wäre ich sicher bereit, einen kleinen Obolus zu bezahlen für eine Dienstleistung, die mir ein bisschen von der Angst beim Online-Shopping nimmt. Es wären vermutlich ja nur ein paar Cents, und das wäre mir mein ruhiger Nachtschlaf wert.

Mein Czyslansky-Freund Michael Kausch findet übrigens, dass uns auch die Sterne von eBay nicht mehr retten werden. Seit einigen Wochen grassieren ja die Presseberichte über die Denunzianten-Site *www.rottenneighbor.com*. „Als ich zum ersten Mal davon hörte, war dieses fürchterliche Angebot noch fest in US-Amerikanischer Hand“, schrieb er mir. „Mehr aus Routine war ich eben auf rottenneighbor.com und habe mal nachgesehen, ob es inzwischen auch in München Einträge gibt. Und das ist in der Tat fürchterlich. Da findest du beispielsweise Notizen zu einem Münchner Landtagskandidaten, so nach dem Motto: ‚hier sitzt das übelste, was München zu bieten hat.' Ein Spitzenrating der Anwender hat auch dieser Eintrag erhalten: ‚Also, hier wohnen die größten Assis, die es gibt, die eine Tochter ist ne volle Nu***e, die andere eigentlich genauso. Dann die Mutter klaut im Schlecker Geld und täuscht einen Krebs vor. Der Vater ist Alkoholiker. Die ersten 3 Buchstaden vom Nachname dieser netten Familie lauten: BAU'. Das Haus der Familie BAU* ist übrigens auf einer Landkarte exakt markiert."

Müssen wir diese Form des Web 2.0 wirklich akzeptieren? Nun, wir werden sie vermutlich nicht mehr stoppen können. Vielleicht hat es ja der alte Shakespeare wieder einmal geahnt. „Wer meinen Beutel stiehlt, nimmt Tand", lässt er Jago zu Otello sagen, „doch wer den guten Namen mir entwendet, der raubt mir das, was ihn nicht reicher macht, mich aber bettelarm."

Das ist im Internet-Zeitalter offenbar auch nicht anders.

(3.10.2011)

DIE NETTE FRAU FRIEDRICH UND DER PRANGER

Ein klarer Fall von Selbstjustiz per Internet

Ariane Friedrich ist eine hübsche junge Frau. Sie hat blondes, modisch kurzgeschnittenes Haar und eine reizvolle schlanke Figur. Die braucht man zum Hochspringen, was Ariane Friedrich recht erfolgreich tut. Schließlich gewann sie unter anderem auch mal die Bronzemedaille bei der WM 2009 in Berlin.

Im Hauptberuf ist Ariane Friedrich Polizeikommissarin mit abgeschlossenem Studium an der Verwaltungsfachhochschule Hessen. Sie ist also offenbar ebenso klug wie schön. Für den einen oder anderen jungen Mann mag sie sogar die Traumfrau sein. Jedenfalls bekommt sie viel Fanpost auf ihre Facebookseite. Und in einer dieser Nachrichten stand neulich dieser Satz:

> „Willst du mal einen schönen Schwanz sehen, gerade geduscht und frisch rasiert?“

Das ist offenbar nicht das erste Mal, dass die schöne Ariane solchen Schweinkram bekommt, aber dieses Mal ist ihr der Geduldsfaden gerissen. Sie setzte sich hin und tippte eine Nachricht auf Facebook, die neben dem anzüglichen Satz auch Namen und Wohnort des Absenders enthielt.

Er heißt angeblich Thorsten Dersch und ist im schönen Allendorf ansässig. Ich kenne Allendorf an der Eder, ein mittelhessisches Städtchen, dass vor allem für seinen Flugtag und als Firmensitz der Kesselschmiedrei Viessmann bekannt ist. Es gibt aber auch ein Allendorf am Hohenfels. Die Fußballer des SSV Allendorf Hohenfels kämpfen bei den Amateuren um den Klassenerhalt, und ein gewisser Thorsten Dersch hat gerade ein ganz wichtiges Tor in der Partie gegen den TSG Mandeln erzielt, und zwar per Foulelfmeter. In der Ortsgruppe der DLRG ist Thorsten Dersch ebenfalls sehr fleißig, bekam dafür vor kurzem sogar die Ehrenurkunde für 25jährige Mitgliedschaft. Auf dem Foto von der Vereinsfeier ist ein bullig wirkender Mann mit etwas abstehenden Ohren zu erkennen. Die übrigen Körperteile sind nicht zu sehen, da er zur Vereinssitzung ordentlich gekleidet erschienen ist, mit Jeans und braunem Pullover.

Ach ja, und dann gibt es noch einen Thorsten Dersch, der dem jungen Mann bei der DLRG-Feier sehr ähnlich sieht und sich auf seiner Facebookseite als Fußballfan bezeichnet, unter „Interessen" auch „Allendorf am Hohenfels" angibt und außerdem unter „Lieblingssportler" einen Link zu Ariane Friedrich gesetzt hat.

Das heißt: Die Facebookseite gibt es nicht mehr. Jedenfalls bekommt man, wenn man darauf klicken will, die Nachricht: „The page you requested was not found."

Woher ich das alles weiß? Nun, fünf Minuten auf Google, das genügt. Und so wie ich kann natürlich jeder ins Netz gehen und recherchieren. Und er könnte er zur nächsten Versammlung des DLRG Allendorf gehen und verlangen, dass man Thorsten Dersch die Urkunde wieder aberkennt. Er könnte zum nächsten Spiel des SSV gehen und dort laut „buuh!" rufen, wenn Thorsten Dersch an den Ball kommt. Oder er könnte ins Telefonbuch schauen und herausfinden, dass es zwei Thorsten Dersche in Allendorf gibt. Einer ist verheiratet, der andere offenbar nicht. Je nachdem, für welchen Kandidaten er sich entscheidet und wie sehr er sich über dessen Schweinemail aufgeregt hat, könnte er ihm dort auflauern und zum Krüppel schlagen oder tot.

Nun könnte man sagen, dass der Kerl ja selber schuld ist. Wie dämlich kann ein Mensch sein, dass er einen solchen Schwachsinn unter eigenem Namen und Angabe der Adresse schreibt?

Aber was ist, wenn er es gar nicht gewesen ist? Was, wenn jemand anderer in seinem Namen die Facebookseite angelegt hat und sich einen Spaß daraus macht, den armen Thorsten fertig zu machen? Und was ist mit den anderen Leuten, die „Thorsten Dersch“ heißen, aber vermutlich nichts mit der ganzen Sache zu tun haben? Einer von ihnen nennt sich „DerSchwatte Thorsten“ auf Facebook und behauptet von sich, männlich zu sein, single, verrückt, nachdenklich, offen, hilfsbereit und vor allem „chronisch unter “Vögelt”. Das möchte man natürlich alles gar nicht wissen, sondern nur, ob er vielleicht das Schwein ist, der… Ist er aber offenbar nicht, denn auf seiner Seite gibt es keinen Hinweis auf Allendorf, sondern nur das Foto eines jungen Mannes mit rötlichem Kurzbart und Piratenkopftuch.

Dann ist da noch der Thorsten Dersch, der mal den Dorfpolizisten in der Fernsehserie „Der Fahnder“ gespielt hat, also sozusagen ein Berufskollege von Frau Friedrich. Der ist Jahrgang 73 und arbeitet heute als Journalist, was beides natürlich nicht heißt, dass er nicht auch mal gerne hübschen jungen Frauen anstößige Mails schreibt, aber es macht es vielleicht eher unwahrscheinlich.

Das mit dem digitalen Denunziantentum ist eine zweischneidige Sache. Einerseits versteht man ja Frau Friedrich, dass ihr der Kragen mal geplatzt ist und sie es dem Typen mal so richtig gezeigt hat. Hunderte von Fans geben ihr ja auch in ihren Kommentaren auf der Facebookseite Recht. „Super reagiert Frau Friedrich“, schreibt dort zum Beispiel Jörg Boucsein. Und Ramona Schmidt findet es“ vollkommen richtig solche Leute öffentlich auszuschreiben!“

Andererseits mischen sich in den Empörungschor auch mahnende Stimmen, wie beispielsweise die von Jens Tuengerthal, der schreibt: „Der Pranger wurde abgeschafft, weil er die Menschenwürde verletzte und das ist auch gut so.“ Und Jörg Engmann findet: „So geht es sicher nicht, auch wenn natürlich die “Fans” eifrig Beifall klatschen. Finde ich sehr unüberlegt.“

Ich selbst denke eher, dass eine studierte und ausgebildete Polizistin andere Mittel und Wege finden müsste, um einen solchen Fall von verbaler Körperverletzung zu ahnden. Gut, der Dienstweg dauert länger, und vielleicht ist der Adrenalinschub nicht so groß, als wenn man mit Schmackes auf die „Enter“-Taste drückt und das Posting in den Cyberraum abschießt. Eine Polizistin ist aber keine Richterin. Das sollte sie eigentlich wissen. Und auf der Fachhochschule hat man ihr sicher auch etwas von der Unschuldsvermutung erzählt.

Ihr Urteil wird aber bereits vollstreckt. Das geht bekanntlich blitzschnell im Internet-Zeitalter, wie alles andere auch. Die Kollegen von der Bild-Zeitung („Sex-Attacke bei Facebook“) haben natürlich gleich bei einem Thorsten Dersch in Allendorf angerufen. War ja auch nicht schwer, ihn zu finden – quod erat demonstradum. Ob er der “richtige” Thorsten Dersch ist, werden wir vielleicht nie erfahren. Dieser Thorsten Dersch behauptet jedenfalls, seine Facebookseite sei gehackt worden und er habe sie deshalb vom Netz genommen. Mit der Schweinerei habe er nichts zu tun. Im Gegenteil: Er sei Fan von Friedrich und wünsche ihr alles Gute für die Olympiade in London. Da möchte sie ja hoch hinaus.

In Allendorf wird man ihr vermutlich die Daumen drücken. Ob es Thorsten Dersch auch tun wird, ist eher zweifelhaft. Der wird andere Sorgen haben – denn eines ist wohl klar: Auch ohne die angekündigte Strafanzeige von Frau Friedrich ist er bereits rechtskräftig verurteilt. Er wird es zu spüren bekommen, jeden Tag, im Verein, bei der DLRG, auf der Straße, in der Stammkneipe – überall.

Ob er es verdient hat? Welche Rolle spielt das schon…

(23.4.2012)

BIN ICH HIER IM FALSCHEN CLUB?

Social Media kann ein Segen sein – und eine Plage zugleich

Vom amerikanischen Filmkomiker Groucho Marx ist der hübsche Satz überliefert: „Ich würde niemals einem Club beitreten, der Menschen wie mich als Mitglieder aufnimmt." Er ist heute aktueller denn je.

Im Zeitalter von Web 2.0 und dem Mitmach-Internet ist jeder vernetzt. Meine Tochter hat jetzt ihren Freundeskreis bei Facebook. Mir ist es dort zu laut, also habe ich mich einem so genannten Business Network angeschlossen. Das heißt: Genau genommen bin ich mindestens in zwei davon. Schon vor Jahren hat mich Lars Hinrichs eingeladen, bei seinem „OpenBC" mitzumachen, was ich gerne tat, denn es war ganz einfach: Ich musste mich anmelden und dann meine Adresse eingeben, mein Alter, meine Position, meine Interessengebiete, meine Hobbies, wo ich zur Schule gegangen bin und wo ich gearbeitet habe. Dann hat das System nachgeschaut und eine Menge andere Leute gefunden, die ich entweder schon mal gekannt und aus den Augen verloren habe oder die ich vielleicht besser mal kennenlernen sollte, weil wir vieles gemeinsam haben und sich daraus ja vielleicht interessante Kontakt- oder Geschäftsmöglichkeiten ergeben könnten.

Ich war ganz erstaunt, wen ich so alles kannte oder wer mich kennt. In meinem Outlook haben sich über die Jahre etwa 1400 Adressen angesammelt, und als ich mit Hilfe eines einfachen, aber sehr nützlichen Abgleich-Tools meinen Bestand mit dem von OpenBC anglich, gab es sage und schreibe 1.139 Übereinstimmungen. Entweder, ich kenne die richtigen Leute, oder die richtigen Leute sind Mitglied bei OpenBC, oder Xing, wie der Verein inzwischen nach einem äußerst erfolgreichen Börsengang im Herbst 2006 heißt.

Irgendwann bekam ich eine E-Mail von einem guten Bekannten aus den USA, der sagte: „Ich bin Mitglied bei LinkedIn, dem Business-Netzwerk für Profis. Wenn du auch Mitglied wärst, könnten wir unsere Adressinformationen immer automatisch auf dem Laufenden halten und uns mit anderen interessanten Leuten austauschen." Weil ich ein höflicher Mensch bin, und weil ich von der Idee wirklich überzeugt war, bin ich auch bei LinkedIn Mitglied geworden. Dann kam einer, der mich aufforderte, bei Plaxo Mitglied zu werden. Und ein anderer kam mit Facebook. Bis ich irgendwann angefangen habe, alle solche Anfragen mit einem Standard-Satz zu beantworten: „Danke, aber ich brauche nicht noch ein Netzwerk – ich komme kaum mit denen nach, in denen ich schon Mitglied bin!"

Es stimmt: Das Networking, wie es neudeutsch heißt, ist zu einer Landplage geworden. Jeder vernetzt sich mit jedem, und das oft gleich mehrfach. Jedes dieser Netzwerke verfügt über ein eigenes, abgeschlossenes Kommunikationssystem sowie über Foren, in denen viele gescheite (und einige ziemlich dumme) Menschen dauern irgendwelche kluge oder weniger kluge Kommentare von sich geben oder Einladungen verschicken, an denen ich meistens sowieso nicht teilnehmen kann oder will. Ich finde es nett, dass man in Wien jetzt einen „Golf-Ball" veranstalten will und ich dazu eingeladen bin, aber ich spiele lieber Golf auf dem Golfplatz, und tanzen kann ich sowieso nicht...

Neulich bin ich aber über ein Netzwerk gestolpert, das wirklich mal ganz anders ist. Ich muss vorausschicken, dass ich zu der seltenen und verfolgten Spezies der Freunde edler Cigarren gehöre, und ich entdeckte bei Xing ein Forum, der sich „Havanna P Club“ nennt. Aha, dachte ich, das müssen Leute wie ich sein.“ Ich beantragte per Mausklick die Aufnahme – und bekam eine Mail von Sascha P., der nach seinem Foto zu urteilen ein sehr seriöser Herr mit Krawatte sowie Chef der Unternehmensgruppe ist, die seinen Namen trägt und ihren Sitz in Essen hat. Seine Mail begann etwas enttäuschend: „Lieber Herr Cole, ich vermute, dass der Havanna P Club nichts für Sie ist“. Es folgte die niedliche kleine Zeichenfolge :-), die ein lächelndes Männchen darstellen soll, das den Kopf zur Seite gelegt hat. Dann fuhr er fort: „Der Name steht für ‚Havanna Pain Club’. Die Treffen sind sehr stilvoll und elegant, und sehr dekadent. So laufen einige Frauen fast gänzlich unbekleidet herum, während die Männer sich im Smoking zurücklehnen können und den Anblick genießen und networken können.“

Nein, ein Sexclub sei das nicht, schrieb er. Man wolle nur eine gewisse sexuelle Freizügigkeit vorleben, „ohne laut aufzuschreien und das Moral-Schild hochzuheben.“ Der Club trifft sich angeblich bereits in Düsseldorf und Frankfurt, eine Expansion nach München, wo ich wohne, sei geplant. Leider gebe es keine Bilder von den Veranstaltungen und auch keine eigene Website, denn der HPC mache keine Werbung, sondern wolle sich, wie er schrieb, „organisch vergrößern.“

Da ich, wie gesagt, schon in dem Alter bin, wo man Golf spielt, habe ich das Angebot, im Havanna P Club Mitglied zu werden, in der Tat dankend abgelehnt. Und dabei an den alten Groucho gedacht: Wie recht er doch hatte. Man muss wirklich nicht in jedem Netzwerk Mitglied sein…

(20.11.2008)

PAPIER IST GEDULDIG – DAS INTERNET AUCH!

Über die Schriftkultur im Online-Zeitalter

Papier ist überall. Es nimmt unsere Ideen und Gedanken auf, transportiert und konserviert sie. Wir wickeln darin unsere Frühstücksbrötchen ein und trinken aus ihm unseren Morgenkaffee. Es hängt neben der Toilette und in den größten Museen der Welt, von Künstlern wie Pablo Picasso und George Braque zu Kunstwerke von unschätzbarem Wert verarbeitet. Wir wickeln darin unsere Wertsachen ein, legen sie in Umzugskartons und ziehen damit um. Wir falten daraus kleine Flugzeuge und lassen sie mit unseren Träumen davon fliegen. Wir schleifen Unebenheiten mit ihm glatt und isolieren damit Elektroleitungen. Wir bezahlen damit beim Einkaufen oder blättern gedankenverloren darin herum, wenn wir beim Friseur oder beim Zahnarzt warten müssen. Manchmal ziehen wir es sogar an und laufen darin herum. Papier ist vielseitig und funktionell, flexibel und verfügbar, billig und benutzerfreundlich, anpassbar und allgegenwärtig, natürlich und authentisch, leicht und kräftig, zuverlässig und zeitlos.

„Ohne Papier gäbe es unsere Kultur nicht", sagte mir neulich Dr. Dorothea Eimert, Leiterin des Deutschen Papiermuseums in Düren, einer Kleinstadt am Nordrand der Eifel, das jahrhundertelang von Papier gelebt hat und immer noch als Zentrum der deutschen Papierindustrie gilt. Hätte Guttenberg einen anderen, ähnlich variablen und robusten Beschreibstoff für den Buchdruck gefunden? Zwar hat der Mensch in seiner Geschichte Zeichen und Buchstaben in Tontafeln und auf Baumrinde geritzt, die alten Ägypter hatten ganze Bibliotheken auf Papyrusrollen, im Mittelalter haben Mönche ihre Illuminationen auf Rinderhäute gepinselt. Aber die Entstehung unserer heutigen allgegenwärtigen Bild- und Schriftsprache verdanken wir mit einiger Sicherheit dem namenlosen Erfinder des Papiers.

Der Mann (oder die Frau), mit dem alles anfing, lebte in China, und zwar vor etwa 1.400 Jahren. Die ältesten erhalten Papierfragmente sind Landkarten, die zur Zeit der Han-Dynastie (202 v. Chr. bis 8 n. Chr.) aufgezeichnet wurden. Das Geheimnis des Papiermachens wurde im Reich der Mitte lange streng gehütet und gelangte erst im sechsten Jahrhundert nach Korea und Japan und von dort über die Seidenstraße nach Europa. Dort entstanden die ersten Papiermühlen im 13. Jahrhundert, zunächst in Italien, später auch in Deutschland, wo die erste Papiermanufaktur 1390 in Nürnberg gegründet wurde.

Und nun häufen sich die Stimmen die behaupten, dass Papier bald am Ende sein wird, zumindest in seiner Ur-Domäne, nämlich dem Transport von Informationen. „Die Neuen Medien werden auf Bildschirmen dargestellt, nicht auf Papier“, sagte der Hamburger Medienberater Prof. Ewald Wesseling kürzlich auf der Jahrestagung des Vereins der Zellstoff- und Papier-Chemiker in Wiesbaden. Aber auch wenn die Substitution des Papiers kaum aufzuhalten sei, sieht auch er das vielbeschworene „papierlose Büro“ noch in weiter Ferne – wenn überhaupt. „Vieles wird davon abhängen, ob es gelingt, die nachwachsende Generation von den unbestreitbaren Vorzügen von Papier zu überzeugen und es als eine durchaus attraktive Alternative in ihrer multimedialen Welt zu akzeptieren“, glaubt Wesseling.

Ich bin dennoch skeptisch, ob sich das so genannte „ePaper" durchsetzen wird, ob wir tatsächlich alle unsere Tagesnachrichten oder unsere Groschenromane auf einem „Kindle" lesen werden, ob das Internet auf Dauer die Konkurrenz der auf tote Bäumen bedruckten Informationen vollends den Garaus machen wird. Eher glaube ich, dass sich das Geschäftsmodell der Zeitungs- und Zeitschriftenverlage mit der Zeit anpassen muss. Aber allen Unkenrufen zum Trotz werden die Menschen auch in 100 Jahren noch Zeitung lesen. Denn Papier ist nicht nur vielseitig, funktional, wiederverwertbar und preiswert. Es ist auch sinnlich – wenn Sie Papier in die Hand nehmen, geschieht etwas, das fast unbeschreiblich ist. Kein eBook oder eZeitung kann das ersetzen.

Ich habe Dorothea Eimert gefragt, warum es das vielbesungene „papierlose Büro" der Zukunft immer noch nicht gibt, und warum wir im Gegenteil scheinbar immer mehr Papierfluten im Büroalltag produzieren. Ja, gab sie zu, es werde oft zu viel auf Papier produziert, und manches könnte man sich schenken. Dann aber gab sie mir zu Bedenken: „Wir sind Sinnesmenschen. Am Bildschirm habe ich aber nichts in der Hand. Das widerspricht unserer Natur."

Im Papiermuseum in Düren feiern Eimert und ihre Kollegen das Papier als Kulturfaktor. Ist das noch zeitgemäß? „Ohne Papier hätte eine Vermittlung und Überlieferung von Geschichte und Kultur niemals so umfassend stattgefunden", sagt sie. Sie findet, das sollte man ruhig feiern – „auch und gerade, weil uns Papier auch in der Zukunft begleiten wird."

(28.3.2012)s

BRAUCH TXT, ABER BITTE ASAP!

Punkt, Punkt, Komma, Strich – fertig ist die E-Mail

Neulich flatterte mir per E-Mail eine Pressemitteilung des E-Commerce-Center Handel (ECC Handel) am Institut für Handelsforschung in Köln ins Haus mit der Betreffzeile: „Wie gut sind Ihre E-Mails wirklich?“ Es ging um eine Meinungsumfrage zum Thema Schreibstil im elektronischen Geschäftsverkehr. Demnach ist es mehr als acht von zehn Menschen in Deutschland wichtig, dass Mails von Firmen keine Rechtschreib- oder Grammatikfehler aufweisen. Ebenso viele Befragte erwarten eine höfliche Antwort mit Formeln wie „sehr geehrter Kunde“ und „mit freundlichen Grüßen“. 85 Prozent gehen dafür angeblich selbst mit einer höflich verfassten Anfrage in Vorleistung.

Wenn das stimmt, dann bekomme ich nur Mails von den übrigen 15 Prozent: Mails, die vor Dreckfuhlern strotzen oder nur aus unvollständigen Satzfetzen bestehen. Und dass Leute wie mein Freund Michael, der ein gestandener PR-Profi ist, inzwischen auch Großschreibung und Grammatik im Internet zum Auslaufmodell erklärt hat, treibt mich manchmal an den Rand der Verzweiflung. Neulich bekam ich folgende Mail von ihm: „fyi: brauch txt asap“. Um zum Sinngehalt dieses Satzes („zu deiner Information: Ich brauche den Text so bald wie möglich“) vorzustoßen, bedarf es der Fähigkeit eines erfahrenen Hieroglyphenlesers.

Als ich ihn darauf ansprach, schimpfte mich Freund Michael einen alten, konservativen Sack. „Wahrscheinlich lässt du dir deine Mails von der Sekretärin noch ausdrucken und in der Postmappe vorlegen“, unkte er. Deshalb sei an dieser Stelle ausdrücklich festgestellt: Ich habe keine Sekretärin. Und eine Postmappe habe ich auch nicht. Dafür aber ein Gefühl für die Schönheit der Schriftsprache, und Mails wie seine sind mir deshalb ein Gräuel (oder ein „Greuel“ – laut Duden ist heute beides möglich, auch in einer E-Mail).

Nun, laut ECC-Handel bin ich mit meiner Meinung nicht alleine. „Kunden haben auch bei einer E-Mail hohe Erwartungen an die formale und inhaltliche Qualität der Unternehmensantwort und erwarten, dass die gleichen Höflichkeits- und Rechtschreiberegeln gelten, wie bei einem traditionellen Brief“, schreiben sie. Aber das klingt mir schon wieder viel zu sehr nach Oberlehrer. Eine Mail ist kein Brief. Es ist auch kein Telefonat, sondern irgendwas dazwischen – ein neues Kommunikationsmedium, eben, das seine eigenen Regeln erst noch entwickeln muss.

Ich habe so meine eigene These, was eine gute E-Mail ausmacht: Sie muss kurz sein! Was mir einer nicht in den ersten vier Zeilen einer E-Mail mitteilen kann, bekomme ich meistens nicht mehr mit, und ich will es auch gar nicht. Time is money, und man stiehlt mir mit langen, wirren E-Mails meine kostbare Zeit.

Aber vielleicht bin ich in diesem Punkt wirklich zu altmodisch. Meine Tochter schreibt kaum noch Mails, sondern teilt sich über ihre Profilseite auf Facebook ihrem gesammelten Freundeskreis mit. „E-Mail wird nur noch von 70 Prozent der jungen Nachwuchsgeneration genutzt“, schrieb mir neulich Dominik Ruisinger, der als erfolgreicher Buchautor in Berlin lebt.

Insofern geht die oberlehrhafte Erregung des ECC-Handel um schlampige Mails wahrscheinlich am eigentlichen Thema vorbei. Man wird nämlich dereinst vielleicht im Internet eine ganz eigene Sprache sprechen und schreiben. Ganz ohne Punkt und Komma; jedenfalls bis auf diejenigen, die man noch für die so genannten Smilies“ benötigt: lachende Gesichter aus Interpunktionszeichen. Und mir wird wieder zum Weinen sein.

(3.12.2010)

DARWINS DAUMEN

Wie der Computer den Menschen körperlich verändert

Mit welchem Finger drücken Sie die Haustürklingel? Mit dem Zeigefinger? Dann sind Sie über 30.

Junge Menschen benützen den Daumen, weil sie mit Handy und PDA aufgewachsen sind. Das behauptet jedenfalls Alice Rawsthorn in einem Beitrag für die in Paris erscheinende *International Herald Tribune*. Dank der ständigen Verwendung bei der Texteingabe sei der Daumen junger Menschen heute stärker, beweglicher und ausdauernder als früher, was sie als Beweis für die These zitiert, dass sich der Mensch unter dem Einfluss seiner Technologie evolutionsmäßig weiterentwickelt. Das gelte nicht nur für die physikalischen, sondern auch für die mentalen Eigenschaften junger Menschen, die angeblich inzwischen die Fähigkeit des Multitaskings erlernt haben: Sie können gleichzeitig ein Gespräch führen und eine Textnachricht tippen, während sie sich gleichzeitig aus den Ohrknöpfen ihrer iPods die neuesten Musikstück ins Hirn pusten.

Ähnlich argumentierte schon vor Jahren die Soziologin Linda Stone, damals Chefin der Social Computing Group von Microsoft, die dafür den Begriff „Continuous Partial Attention Syndrom“, kurz CPA, erfand. Ihrer Meinung nach verwandeln sich Menschen, die große Teile ihres Lebens in vernetzten Welten zubringen, selbst in Netzwerkknoten. „Anders ausgedrückt: Wie wollen uns verbinden und verbunden sein. Wir wollen ständig

Ausschau halten nach guten Gelegenheiten, uns selbst optimieren für die besten Chancen, Aktivitäten und Kontakte. Beschäftigt sein. Verbunden sein heißt leben, anerkannt werden, wichtig zu sein."

Für viele ist die Vorstellung, der Mensch passe sich der Technik an, ein Albtraum. Andere wie Stone sehen darin zunächst einmal etwas Wertfreies, ja geradezu Unausweichliches, sozusagen ein Teil des darwinistischen Imperativs.

Vielleicht ist es aber auch alles nur Bullshit. Jedenfalls die Sache mit dem Handy Daumen, denn beim Recherchieren zu dieser Post bin ich auf einen hochinteressanten Wikipedia-Beitrag gestoßen, dem zufolge der Daumen schon immer eine Sonderrolle gespielt hat. Sogar die Bezeichnung „Daumen" ist dafür ein Beweis, denn er leitet sich angeblich aus dem westgermanischen Wort „thuman", wörtlich „besonders stark(er) oder kräftig(er) (Finger)" ab. Auch seien die für die Bewegung und Empfindlichkeit des Daumens verantwortlichen Hirnareale deutlich größer als die der anderen Finger.

Wir kommen also zu einem ganz anderen Schluss als Frau Rawsthorn: Die Handy Kids von heute folgen nur ihrem uralten Daumentrieb...

(19.11.2010)

TÖDLICHER BROTAUFSTRICH

Wikipedia kann Leben retten

Alle Jahre wieder, wie der Geburtstag und wie Weihnachten, kommt die Zeit, da die ersten Sonnenstrahlen vom Nahen des Sommers künden und die Herzen der Jünglinge ebenso wie die von bösen alten Männern wir mir erfüllt sind mit einem süßlichen Sehnen nach Allioideae. Genauer nach einer Unterart dieser zur Unterklasse der Lilien-, der Familie der Lauch- und der Ordnung der Spargelgewächse gehörenden Pflanze namens Bärlauch (*Allium ursinum*), der ähnlich penetrant stinkt wie sein Vetter Allium sativum, der gemeine Knoblauch.

Ich habe den unverwechselbaren Duft erstmals auf dem Wiener Naschmarkt verspürt, wo ein findiger Händler sich frühzeitig eingedeckt hatte mit den in der Regel langstieligen, zwischen zwei bis fünf Zentimeter großen Laubblättern, offenbar aus südländischer Produktion, und er verkaufte diese zu echten Apothekerpreisen an Suchtkranke wie mich. Wieder daheim in München habe ich mich gleich zum Viktualienmarkt aufgemacht, aber da war der Frühling noch nicht ausgebrochen. Ein paar Tage später juckte jedoch die Nase plötzlich beim morgendlichen Dauerlauf entlang der Isar, ungefähr auf Höhe des Englischen Gartens. Und siehe da: An einem abseits gelegenen, ziemlich dunklen und offenbar auch feuchten Hang lugten kleine, lanzettenförmige Blattspitzen zwischen dem dürrem Laub hervor. Keine Frage: Ich hatte eine ganze Bärlauch-Plantage entdeckt! Die meisten Blätter waren zwar noch winzig, aber einige reckten schon kühn die Köpfe in die Höhe, und diese begann ich zu sammeln.

Nun hat der Jogger in aller Regel keine Tragetasche bei sich, was anfangs ein gewisses Problem darstellte. Aber zum Glück hatte ein achtloser Hundebesitzer just an dieser Stelle eine dieser markanten roten Plastiktüten fallen lassen, die das fürsorgliche Gartenbauamt an den Parkeingängen in Spendern bereitstellt, auf dass Waldis Besitzer darin die Verdauungsergebnisse ihrer Vierbeiner einsammeln und entsorgen mögen; widrigenfalls trifft sie bekanntlich der Bannstrahl der Ordnungsbehörde in Form einer Geldbuße. Die Tüte war unbenutzt, die Gelegenheit günstig, also habe ich rasch einige Handvoll junger Bärlauchblätter eingesammelt und machte mich auf den Heimweg.

Unterwegs kam ich an einem sonnigen Waldstück vorbei, und siehe da: Noch mehr Bärlauch! Nur war dieser deutlich größer als die schmalbrüstigen Blättchen in meiner dunklen Kuhle. Und da ich ja noch etwas Platz in meiner Tüte hatte, habe ich rasch eine Menge davon gepflückt. Daheim präsentierte ich die Ausbeute stolz meiner Frau, die sich sofort aufmachte, Pinienkerne zu kaufen, während ich den Küchenmixer rausholte, Olivenöl, Meersalz und Pfeffermühle in Griffnähe aufstellte und leere Marmeladengläser aus dem Schrank klaubte. Der Massenfertigung von Bärlauch-Pesto, die Antwort der Teutonen auf welsche Basilikum/Knoblauch-Mixturen, konnte beginnen.

Als ich gerade den Berg frischer Bärlauchblätter in der Salatschleuder wässerte, klingelte die Nachbarin und brachte uns unseren „Stadt-Enkel“. Er ist nicht unser wirkliche Enkel (unsere Tochter denkt noch längst nicht daran, uns den Gefallen zu tun: sie will lieber reisen), aber da wir mit Patricia und Markus gut befreundet sind, kennen wir Finn, wie der süße kleine Bengel heißt, sozusagen von der Stunde seiner Geburt an. Er ist gerade anderthalb und macht seine ersten Gehversuche, Die führen ihn häufig zu uns rüber, weil er hier Sachen machen kann, die es zu Hause nicht gibt: Klavierspielen, unsere Stereoanlage verstellen, stundenlang das Licht aus- und einschalten, solche Dinge eben.

Natürlich habe ich Patricia stolz meine Bärlauch-Beute gezeigt. Sie war gebührend beeindruckt, und ich habe ihr auch gleich mehrere Gläschen Pesto versprochen. Da fragt sie plötzlich:

„Bist auch sicher, dass das keine Maiglöckchen sind?“

Ich war entrüstet. Maiglöckchen gibt's im Mai. Deswegen heißen sie so. Wir hatten April, das ist der Monat des Bärlauchs. Und überhaupt, für wie dämlich hielt sie mich denn, dass ich Bärlauch nicht erkennen kann?

Aber Patricia blieb hartnäckig. Sie habe im Fernsehen eine Sendung gesehen in dem es geheißen hat, junge Maiglöckchen würden fast genauso aussehen wie Bärlauch. Und Maiglöckchen seien ja hochgiftig, sogar tödlich! So ein Blödsinn, dachte ich mir. Gesagt habe ich es aber nicht, sondern mich später an den Computer gesetzt und Google gefragt. Und siehe da: Man verwies mich an Wikipedia, und dort hieß es klar und deutlich: „Bärlauch wird beim Sammeln immer wieder mit dem Maiglöckchen, den im Frühjahr austreibenden Blättern der Herbstzeitlosen oder den meist ungefleckten Blättern jüngerer Pflanzen des gefleckten Aaronstab verwechselt. Alle diese drei Pflanzen sind äußerst giftig, die Vergiftungen können tödlich sein.“. Und es waren ein paar Bilder zu sehen. Die Maiglöckchen sahen tatsächlich genauso aus wie Bärlauch, nur waren sie größer und kräftiger. Genau wie die Dinger, die ich in dem Sonnenwäldchen gepflückt hatte...

Zum Glück hatte Wikipedia ein Patentrezept parat: „Am sichersten erkennt man den Bärlauch am charakteristischen Geruch beim Zerreiben der Blätter.“ Fazit: „Eine Pflanze, deren Blätter nicht nach Knoblauch riechen ist kein Bärlauch.“

Ich habe daraufhin ein paar Blätter aus meinem großen Haufen geholt und daran gerieben. Und entweder war meine Nase inzwischen vor lauter Bärlauch taub geworden, oder es roch tatsächlich nach – eigentlich gar nichts. Mir blieb am Ende also nichts anderes übrig, als den ganzen schönen Armvoll Blätter in den Mülleimer zu werfen und ein zweites Mal loszulaufen. Zum Glück hatte immer noch kein anderer meine Bärlauch-Wiese entdeckt. Und es war wirklich Bärlauch: Der Knoblauchgeruch war schon von weitem unverwechselbar.

Ein paar Tagen später habe ich Geburtstag gefeiert. Den ersten: Den zweiten feierten wir abends mit einem schönen Stück gerösteten Weißbrots, dick mit selbstgemachtem Bärlauch-Pesto bestrichen. Danke, Patricia. Dein Sohn darf meine Stereoanlage so oft verstellen, wie er will…

(4.4.2009)

METAPHYSISCHER SCHIMMEL

Ein Reifeprozess

Im Internet ist nicht alles Käse, aber als Käse kann man es im Internet weit bringen. Und daraus lässt sich eine Lehre ziehen. Der amerikanische Pop-Künstler Andy Warhol hat ja einmal gesagt, dass in Zukunft jeder für 15 Minuten berühmt sein wird. Ob er damit auch Cheesus gemeint hat, ist nicht belegt

Cheesus ist der Name, den ein leidenschaftlicher Verehrer dem Käselaib von Tom Calver gegeben hat. Calver ist ein extrem britischer Bauer aus Westcombe, einem kleinen Kaff in der West Country, wo sich Fuchs und Haas „goodnight" sagen und wo prächtige Milchkühe mit prallen Eutern auf saftig grünen Weiden herumstehen. Aus ihrer Milch machen Leute wie Tom Calver Käse, und zwar den mit Recht berühmten „Farmhouse Cheddar", der in ausgereiftem Zustand eine wunderbar nussige Kopfnote besitzt und so gar nicht mit dem vergleichbar ist, was – abgepackt bei Aldi im Kühlregal – als Schnittkäse darauf wartet, mit dem Pausenbrot in die Mülltonne zu wandern.

Cheesus hatte viele Fans. Mehr als 900.000 waren es in der Spitze. Cheesus ist nämlich Star in einer ganz besonderen Art von Reality Show, nämlich „Cheddarvision TV". Dort ist Cheesus in einer Großaufnahme zu sehen, einer von offenbar sehr vielen vor sich hinreifenden 25 Kilo schweren Rohmilchkäsen, die ein bisschen aussehen wie ziemlich angegammelte Bordsteinpoller. Die Bilder werden mit Hilfe einer so genannten Webcam in Echtzeit ins Internet übertragen, wo sie jeder so lange betrachten kann, wie er will. Das ist in der Regel nicht sehr lang, denn der Sendung fehlt es, um ehrlich zu sein, an Handlung. Es passiert nichts, außer das Chessus von Minute zu Minute älter und vermutlich damit auch wohlschmeckender wird. Nur ist actionmäßig ein bisschen tote Hose im Kanal. Einmal pro Woche wird der Käse gewendet, mehr nicht.

Was aber die Besucher der Website nicht davon abhält, ihrerseits außerordentlich kreativ zu werden. Einer hat darüber ein Gedicht geschrieben, ein anderer ein Lied komponiert. Cheesus wurde schon zu einer Hochzeit eingeladen. Er erhielt zum Valentinstag eine Grusskarte und zu Ostern ein Schokoladenei. Cheesus-Anhänger debattieren in amerikanischen Online-Foren über die metaphysische Bedeutung der Muster, die der Edelschimmel auf dem Käse bildet. Ein Hochschulprofessor hat seine Studenten einen „Käse-Wall" aus Fotos bauen lassen, die Cheesus in verschiedenen Rotationsstufen zeigen.

Tom Calver und seine Kollegen von der Genossenschaft der West Country Cheesmakers wollten eigentlich nur den Käseliebhabern „ein bisschen ein Gefühl dafür geben, was dazu gehört, einen richtig guten Cheddar herzustellen. Man braucht dazu vor allem viel Zeit und viel Geduld." Und manchmal auch eine gute Idee: Seitdem Cheesus im Reality-TV auftritt, sind die Verkaufszahlen im Online-Shop der West County Cheesemakers sagenhaft in die Höhe geschossen. Cheesus ist dort allerdings nicht zu haben: Er wurde im Dezember, als er endlich ausgereift war, offline genommen und für einen wohltätigen Zweck versteigert. Da waren seine 15 Minuten endlich um.

(18.5.2009)

WO SIND DIE BUCHLÄDEN GEBLIEBEN?

Ein Nachruf

Pete Seegers Lied „Where have all the flowers gone“ hat meine Generation tief geprägt, und selbst Udo Lindenberg habe ich verziehen, als er es eindeutschte. Es schwang so viel Melancholie mit in dem Refrain, wehmütige Erinnerung an etwas, das uns einmal viel bedeutet hat und das wir selbst aus Dummheit und Unachtsamkeit vernichtet haben. Deshalb habe ich besonders genau hingesehen, als ich die Überschrift über eine Kolumne von Alex Beam in der „Boston Globe“ las: „Where have all the bookstores gone?“

Beam denkt darin wehmütig zurück an die Zeit, als es an jeder Straßenecke noch richtige Buchläden gab in denen man stöbern oder auch mal einen halben Tag sitzen und ungestört lesen konnte. Ich habe auch solche Erinnerungen, zum Beispiel an Scribners wunderbaren Buchladen in der New Yorker Fifth Avenue. Scribners war übrigens jener Verlegergigant, der Ernest Hemmingway und Scott Fitzgerald herausbrachte. Inzwischen beherbergt der Buchladen einen „Beneton-Superstore“

Oder können Sie sich an Borders im Turm II des World Trade Center erinnern, wo man in bequemen Ledersessel saß und auf den alten Friedhof von Trinity Church im Süden von Manhattan blickte. Heute klafft da natürlich ein riesiges Loch.

Nicht, dass es nicht noch schöne Buchläden gäbe. Shakespeare & Company in Paris, zum Beispiel, das zum Glück noch immer aussieht wie ein besonders rumpliger Dachboden und in dem sich die Bücher sogar hinter der schmalen Holzstiege ins Obergeschoß türmen. Der wahrscheinlich schönste Buchladen der Welt ist natürlich Lello & Irmao in Porto, ein Jugendstiltraum, dessen einziger Nachteil ist, dass die Bücher dort meist in Portugiesisch geschrieben sind und ich sie deshalb nicht lesen kann.

Beam beklagt den Niedergang des Buchhandels in den USA, wo von einst 4.700 Läden heute nur noch knapp 1.600 existieren, und er führt diesen Kahlschlag natürlich auf Amazon und Audible zurück. Das sei bedauerlich, ja, meint Beam, und als Bücher-Fan müsse man eigentlich dagegen auf die Straße gehen. Aber sein Punkt ist ein anderer: Im Grunde seien wir Bücherfans ja selber schuld, denn indem wir uns normal verhalten, würden wir das töten, was wir am meisten lieben.

Klar kaufe ich bei Amazon. Wenn ich ehrlich bin, kaufe ich fast nur noch bei Amazon. Weil's halt so bequem und einfach und schnell ist und ich nicht an der Kasse anstehen muss um zu hören, nein, das Buch, das Sie suchen, ist gerade nicht verfügbar, aber wir können's bestellen, ist in drei Tagen da. Und dann muss ich wieder in die Stadt, während Amazon in der Regel innerhalb von 24 Stunden liefert, ich den neuen John le Carré oder Alexander McCall Smith oder Richard Dawkins oder Ken Folett oder Simon Schama oder Philip Roth oder Nick Hornby (gut, ich habe einen etwas skurrilen Lesegeschmack...) lesen kann. Ich will das Buch jetzt haben und nicht erst in drei Tagen, und da gibt es nun mal niemand besseren als Amazon. An die kleinen Buchhändler, die deswegen zumachen müssen, denke ich in dem Moment nicht – niemand tut es.

Mein Czyslansky-Freund Hans Pfitzinger unterstellt mir übrigens ein schlechtes Gewissen, was ja nicht weiter verwundert, denn die nächste Buchhandlung ist von mir gerade mal hundert Meter entfernt, die übernächste 150 Meter. Unser Stadtteil von München ist offenbar noch eine Hochburg der Leseratten, da halten sich die Läden noch. Hans macht mich darauf aufmerksam, dass ich zwar Marathonläufer bin, aber den Fußweg zum Buchladen scheue. „Auf die Idee, das mit dem Bücherbestellen und dem Erhalt der Buchhandlungen in deiner Nachbarschaft zu verbinden, kommst du nicht“, schrieb er mir mal in einer Mail. Das erinnerte ihn an einen SZ-Redakteur, der in der Wochenendbeilage schrieb: „Mein Beitrag zum Umweltschutz, während ich im Flieger nach Berlin sitze: Ich weiß, wie schädlich fliegen für die Atmosphäre ist.“

Ein anderer Freund, Michael Kausch, gehört auch noch fest zum Lager der Laufkundschaft. „Bücher werden in meinem Buchladen bestellt“, schrieb er mir. Wobei er mir über eine wunderbare Idee berichtete, die er in seiner kleinen PR-Agentur seit Jahren praktiziert: Die Mitarbeiter bekommen zum Geburtstag einen Einkaufsgutschein für den Buchladen. „Seit meine beiden lieben Buchhändler aus Altersgründen ihren Laden an eine jüngere Kollegin weitergegeben haben, kauf ich wohl ein paar Bücher weniger im Jahr, aber Amazon ist trotzdem keine Alternative“, schreibt Michael. Niemand dürfe sich über den Verlust von Dingen beklagen, die er selbst im Stich lässt.

Alex Beam mag ein Herz für Buchhändler haben, aber er arbeitet ja für eine der kleineren Tageszeitungen Amerikas, und di sind bekanntlich vom großen Zeitungssterben betroffen, das drüben noch viel schlimmer ist als hier in Deutschland, wo die letzte große Welle der Zeitungsfusionen schon vor Jahren über die Bühne ging. Inzwischen hat die mächtige Mutter New York

Times das Bostoner Regionalblatt übernommen, das man im Sommer so herrlich als Unterlage verwenden kann, wenn man in Harvard im Gras liegen und den Ruderbooten zuschauen will. Trotzdem muss auch dort die Belegschaft jeden Tag die Schließung fürchten.

Auf dem Grabstein der letzten Tageszeitung, so Beam, wird folgende Inschrift stehen: „Zu Tode geliebt: Jeder hat sie gelesen, niemand wollte dafür bezahlen.“ Die Zeitungen stellen ihren kostbaren Content kostenlos ins Internet, immer mehr Leute kündigen ihr Abo und begnügen sich mit dem, was Google News für sie aus dem Fundus dieser Gratisangebote zusammengestellt hat, und keiner denkt daran, dass es irgendwann keine Quellen mehr geben wird, die Google fleddern kann. Ob dann wirklich die Blogger in die Bresche springen werden und die Profi-Journalisten ersetzen, die keinen Job mehr haben, weil die Leser sie im Stich gelassen haben?

Ich habe zwei Tageszeitungen abonniert, die *Süddeutsche* und die *International Herald Tribune*, weil ich sie erstens beide gerne lese (und mich über die erfrischend unterschiedlichen Perspektiven einer deutschen und einer amerikanischen Zeitung mit Sitz in Paris freue), zum anderen aber auch, weil ich das Gefühl habe, das Zeitungswesen mit meiner Abo-Gebühr zu subventionieren. Ich würde auch den doppelten Preis bezahlen, wenn ich diese beiden Blätter vor dem Abgang retten könnte. Die „taz“ hat es auch mal probiert, die Leser über die Mitleidstour zum Zeitungskauf zu nötigen. Hat leider nicht besonders gut funktioniert, aber immerhin: Die „taz“ gibt's noch. Genau wie Shakespeare & Company. Wie lange noch?

(9.10.2009)

MEIN ZEITUNGSSTERBEN

Es geht auch ohne Papier

Ich hatte ja gehofft, dass ich es noch bis zum Ablaufdatum schaffe, ohne auf elektronisches Papier umsteigen zu müssen. Aber dann kam es alles ganz anders. Es fing damit an, dass ich mir so einen schicken kleinen Kindle von Amazon zugelegt habe, um auf Reisen nicht mehr diese wuchtigen Schmöker mitschleppen zu müssen. Jetzt trage ich eine ganze Bücherei in der Westentasche mit mir herum und lese im wahrsten Sinne des Wortes wo ich geh' und steh': In der Straßenbahn, beim Zahnarzt (im Behandlungsstuhl!), auf dem Zugklo. Ich lese sogar heimlich im Flieger während Takeoff und Landung. Man muss nur aufpassen, dass es die Stewardess nicht mitkriegt.

Jedoch meine Tageszeitung, die sollte mir das Schicksal eigentlich schon aus der toten, klammen Hand reißen müssen. So hatte ich mir das jedenfalls gedacht. Ja, ich weiß: Den Zeitungshäusern weht der Wind hart ins Gesicht. Im Juni stellte die „Times-Picayune" ihre Printausgabe ein und erscheint nur noch online, womit New Orleans die erste amerikanische Großstadt ohne eigene Tageszeitung wurde. Erst Katrina, dann das! Aber meine verbleibenden Jahre, so dachte ich, würde ich schon noch das schöne haptische Gefühlserlebnis des Blätterns in toten Bäumen mir bewahren können.

Doch dann kam der Umzug. St. Michael im Lungau, wo wir unseren Lebensabend verbringen werden, ist ein Bilderbuchstädtchen wie aus dem alpenländischen Urlaubsprospekt, aber es ist halt sehr abgelegen. Es gibt einen wunderbaren Laden, der Bücher, Bastelbedarf und eben auch Zeitungen und Zeitschriften verkauft, und ich bekomme dort sogar tagesfrisch die „Süddeutsche". Aber meine über alles geliebte *International Herald Tribune* gibt es dort nur mit einem Tag Verspätung. Auch der junge Mann vom Aboservice konnte mir nicht weiterhelfen: Per Post könnte ich sie schon bekommen, aber eben auch einen Tag später. „Warum lesen Sie sie nicht online?", fragte er fröhlich. Ja, warum eigentlich nicht? Ich habe schließlich einen iPad, und da gibt es eine App zum Herunterladen. Probieren wir's mal aus, dachte ich mir. Und siehe da: es funktioniert! Ich bekomme die News sogar noch eine Nummer aktueller als in der Offline-Edition, denn zusätzlich zu den üblichen Rubriken hat die Online-Ausgabe eine, die sich „latest news" nennt und in der die brandheißen Nachrichten sofort einfließen. Außerdem gibt es eine Abteilung „Video" mit Clips und Kurznachrichten im Bewegtbildformat. Probieren Sie das mal mit einer Papierzeitung!

Ich habe also mein Papierabo gekündigt und lese die IHT nur noch elektronisch. Aber die „Süddeutsche", die wollen wir schon noch weiter lesen wie gehabt, meine Frau und ich – oder?

Vielleicht auch nicht. Jedenfalls ist meine Frau gerade dabei, sämtliche Boote hinter uns zu verbrennen, indem sie alles kündigt, was sich im Laufe der Jahre an regelmäßigen Verpflichtungen angesammelt hat: Fitnesscenter, Jahresnetzkarte der MVV, Philharmonikerabo und so. „Brauchst du eigentlich in Österreich noch den ‚Spiegel'?", fragte sie neulich. Und als ich darüber nachdachte, wurde mir klar: Eigentlich nicht. Es gibt auch für die „Bild am Montag" eine wunderbare App. Für den „Economist" auch. Der Bildschirm des iPad ist fast so groß wie das Papierformat der Nachrichtenmagazine, umgeblättert wird mit dem Zeigefinger. Wozu also Woche für Woche einen Stapel Papier in unsere wunderbaren Alpen karren lassen, wo ich ihn bloß mühsam entsorgen muss: Die Einwohner von St. Michael müssen ihr Altpapier zum Wertstoffhof fahren. Abgeholt wird nur der normale Müll.

Tja, damit sind drei meiner vier wichtigsten Nachrichtenquellen also bereits digitalisiert. Und so geht es jetzt der letzten an den Kragen: Ab Oktober endet mein 25jähriges Abonnement der „Süddeutschen Zeitung", jedenfalls der Papierausgabe. Ich habe mich für das Online-Abo angemeldet und werde es wohl auch nutzen.

Das heißt, wenn ich zwischendurch nicht schwach werde und mir heimlich ab und zu beim Schreibwarenladen an der Ecke eine altmodische Papierausgabe hole.

(6.9.2012)

ZU VIEL MEINUNGSFREIHEIT?

Über den Wert von Empfehlungen

Im Internet kann jeder sagen, was er will. Und das ist ja genau das Problem! Es ist ja viel vom „Mitmach-Internet“ die Rede, von der Demokratisierung der Medien, von der neuen Vielfalt der Meinungsäußerung. Und natürlich finden das alle gut. Ich bin mir mittlerweile nicht mehr ganz so sicher.

Mein Schlüsselerlebnis fand in Agra statt, der Stadt des an ästhetischem Anmut nicht zu überbietenden Grabmals Taj Mahal, aber auch einem Grad an Dreck und Verkehrschaos, wie er selbst in Indien selten erreicht und niemals übertroffen wird. Auslöser war unser Wunsch, abends in einem besonders schönen Restaurant zu speisen. Ich machte mich, wie es inzwischen meine Gewohnheit ist, zu Google auf und fand auch schnell eine Liste von Restauranttipps, die alle von ein und derselben jungen Dame stammten, die Agra offenbar ziemlich intensiv bereist hatte und ihre Erfahrungen nun anderen als Orientierungshilfe anbot.

Diese junge Dame empfahl fünf oder sechs Lokale, wobei ich eigentlich bereits bei der ständigen Wiederholung des Wortes „multi-cuisine“ hätte hellhörig werden sollen. Dann hätte ich mir die Lektüre des letzten „Tipps“ vielleicht sparen können. Ihr „absolutes Lieblingslokal“ in Agra, so schrieb sie, sei nämlich der Pizza Hut, und zwar deshalb, „weil ich indisches Essen überhaupt nicht mag.“

Es drängen sich an dieser Stelle eine ganze Reihe von Fragen auf. Zum Beispiel: Warum fährst du blöde Kuh dann ausgerechnet nach Indien? Die sehr viel wichtigere Frage ist aber: Warum mutest du uns deine Meinung überhaupt zu?

Das ist ein Paradoxon, auf den selbst der Kreter Epimenides stolz gewesen wäre. Einerseits ist für mich als liberal denkender Amerikaner die Meinungsfreiheit das oberste kulturelle Gut, von dem ich hoffe, dass ich es notfalls mit meinem Leben verteidigen würde. Andererseits finde ich es bodenlos, wenn jemand die Meinungsfreiheit, die das Internet uns beschert hat, dazu verwendet, uns mit völlig irrelevantem Geseiere vollzumüllen.

Wo genau die Grenzen der Meinungsfreiheit zu ziehen sind, darüber haben sich ganze Generationen von Staatsrechtlern den Kopf zerbrochen, und eine Einigung ist nicht in Sicht. Am ehesten stimmen die Experten wohl darin überein, dass sie dort erreicht ist, wo die Grundrechte anderer empfindlich gestört werden, es beim anderen also zu einer nachweisbaren Schädigung seiner Menschenwürde oder seines Besitzstands kommt.

Der Unterschied ist nur, dass diese Frage bislang relativ selten im Zusammenhang mit irgendwelchen Grundsatzurteilen in der Praxis von Bedeutung war. Aber wenn das Internet zu einer massenweisen Ausbreitung von Meinungsäußerungen führt, dann wird zwangsläufig auch die Zahl der Störfälle steigen. Wer gibt mir meine zehn Minuten wieder, die diese Frau von meiner kostenbaren Reisezeit gestohlen hat? Was sind 600 Sekunden in Indien wert? Und wo soll ich sie denn einklagen?

Vielleicht bei Google! Die haben mir das Ganze schließlich eingebrockt. Vielleicht werden Suchmaschinen eines Tages für die

Qualität ihre Treffer zur Rechenschaft gezogen werden und haftbar gemacht. Immerhin wollen sich die Betreiber ja zunehmend durch die Relevanz der Ergebnisse profilieren.

Microsoft will zum Beispiel mit seiner neuen Suchmaschine namens „Bing“ den Generalisten Google damit Konkurrenz machen, dass sie sich auf bestimmte Sucher-Zielgruppen konzentriert. Ich habe mit dem obersten Bing-Chef Stefan Weitz darüber gesprochen, und er sagt: „Google ist eine sehr gute Suchmaschine, aber das Internet ändert sich und damit auch die Anforderungen der Menschen. Bing ist deshalb auch keine einfache Suchmaschine geworden, sondern eine Entscheidungsmaschine.“ Statt mehr oder weniger wahllos alle Fundstellen zu einem Begriff aufzulisten, will Microsoft mit Bing gezielte Informationen zu Themen wie Einkaufen, Reiseplanung oder Gesundheit liefern. Die Anfrage eines amerikanischen Benutzers nach einer Flugverbindung, beispielsweise von New York nach Los Angeles, beantwortet Bing nicht nur mit einer Aneinanderreihung von Airline-Websites, sondern mit einer regelrechten Kaufberatung, zum Beispiel an welchen Tagen und um welche Uhrzeit das Ticket besonders günstig zu haben sein wird.

Aber was ist, wenn die Empfehlung falsch ist oder schlecht? Darf ich Bing verklagen, oder vielleicht besser gleich den Stefan Weitz? Und was ist mit meiner Dame aus Agra? Die sollte man dazu verdonnern, ein Jahr lang nur noch Pizza zu essen. Und zwar indische!

*

Mein Freund Michael Kausch, ein Franke und ein ausgefuchster PR-Profi, hat das Problem sehr schön auf den Punkt gebracht.

„Das ist das tolle am Internet: jeder kann mitmachen“, schreib er mir, „und das ist das Problem am Internet ist: jeder macht mit!“

Natürlich braucht die Internetgesellschaft Orientierung. Michael glaubt, dass vor allem Leute dazu berufen sind, die sich professionell mit dem Medium beschäftigen: Publizisten, Journalisten, Blogger, PR-Leute und andere Kommunikationsmenschen. Sie seien gefordert, Strukturen zu entwickeln, die das große Wort „Vertrauen“ in das Internet einbetten. Er verwendet dafür den neudeutschen Begriff „embedded viral confidence“.

Und die funktioniert so: Die personale Kommunikation dient als Grundlage eines viralen Empfehlungsmarketings, das sich ausbreitet wie die Erreger der Vogelgrippe. Mit der Zeit baue ich mir damit ein Netzwerk von Menschen auf, die ich kenne und deren Tipps ich vertrauen kann. Michael spricht von einer „Xing-Architektur des Vertrauens“, die er wie folgt beschreibt:

„Vielleicht kann ich, lieber Tim, dir als Amerikaner nicht trauen, wenn es um die Auswahl von schottischem Single Mal Whisky geht, aber ich vertraue dir immer, wenn du eine Web Site kennst, deren Empfehlungen man vertrauen kann. Und über die berühmten drei Ecken wird man immer jemanden finden, der einen 68er Caperdonich (was für ein Jahrgang!) von Fusel wie Amrut unterscheiden kann.

Du kennst Amrut nicht? Dann lass dich aufklären: Die indische Mythologie berichtet von Göttern und Dämonen, die in der Vorzeit den Ozean mit Hilfe der Berge durchmischten. Auf einmal sprang ein goldener Topf aus dem Wasser, der das Elexier des Lebens enthielt. Diesen nannten sie Amrut. Der moderne Amrut hat seine Wurzeln unmittelbar nach Ende der englischen Kolonialherrschaft 1948, als die Inder begannen, ihren eigenen Whisky zu brennen. Einen Amrut gibt es jetzt auch in Fassstärke. Er schmeckt ein wenig nach Glühwein vom fränkischem Christkindlmarkt. Wahrscheinlich bauen sie ihn in alten Cardamon-Fässern aus.

Womit wir das Stöckchen wieder zum Ausgangspunkt geworfen hätten. Denn die Süddeutsche Zeitung greift in ihrer heutigen Ausgabe Googles Wikipedia-Alternative heftig an: Die Artikel in *knol.com* seien häufig fehlerhaft, die Autoren betrieben versteckte Produktwerbung, und überhaupt werde unglaublich viel ohne Quellenbeleg abgeschrieben. Wenn man der Süddeutschen glauben darf (ich tu's in der Regel; alles eine Frage des Vertrauens), dann verfügt Wikipedia im Vergleich zu Knol fast über einen dem Duden vergleichbaren Vertrauensnimbus.

Ich warte auf Seiten, die – wie ciao,com in der Anfangsphase – nichts weiter tun, als Empfehlungen und Erfahrungen zu kommunizieren, und auf denen die Empfehler dann selbst wieder Empfehlungen erhalten und so ein Empfehlungsnetzwerk bilden. ‚Embedded viral confidence' als BusinessIdee? Vielleicht will jemand eben mal einen Businessplan schreiben?"

(7.10.2008)

WAS UNS DER COMPUTER SAGEN WILL

Meinungsfreiheit für Programmierer!

Können Computer reden? Und wenn ja: Was haben sie uns zu sagen? Und ist das, was sie sagen, vom Recht auf Meinungsfreiheit gedeckt? Diese scheinbar skurrile Frage bewegt im Moment die Gemüter in Amerika, nachdem Prof. Tim Wu von der Columbia-Universität sie in einem Meinungsbeitrag für die New York Times gestellt hat, die er überschrieb mit den Worten: "Free speech for computers?"

Nun wird ja in Amerika die Meinungsfreiheit eine ganze Nummer höher aufgehängt als in Deutschland, wo man im Zweifelsfall lieber seine Ruhe hat und jeden, der sich mit einer womöglich abweichenden Meinung zu Wort meldet, am liebsten den Staatsorganen übergibt. Dafür sind sie ja da, nämlich um den Staat zu organisieren. Meine Vorfahren sind vor 500 Jahren aus "Old Europe" ausgewandert, weil ihnen das Recht der freien Rede wichtiger war als Gut und Geld. Wir haben der Meinungsfreiheit deshalb auch in unserer Verfassung als "First Amendment" gleich an erste Stelle gesetzt, vor solchen Dingen wie dem Recht, Waffen zu tragen und sich friedlich zu versammeln.

Dass uns der Computer etwas zu sagen hat, ist unbezweifelbar: Google sagt uns laufend, was wir wissen wollen (und vieles, was wir nicht wissen wollen), Facebook sagt uns, wer unsere Freunde sind, und Microsoft Word sagt uns, wie wir (Recht-)schreiben sollen. Der Dialogkanal zwischen Mensch und Computer ist also weit geöffnet. Bleibt die Frage: Darf der das? Und genießt das, was uns der Computer sagt, den gleichen Rechtsschutz wie die Meinung von, nur um ein willkürliches Beispiel zu wählen, Julian Assange?

Angestoßen wurde die Diskussion von der Rechtsabteilung von Google, die nämlich der Ansicht ist, dass Computer-Code – also das, was ein Programmierer "geschrieben" hat – wie jeder andere von einem Menschen geschriebene Text nicht nur vom Urheberrecht, sondern auch vom Recht aus Ausdrucks- und Meinungsfreiheit gedeckt sei. Das ist für Google insofern wichtig, weil sie damit aus dem Schneider ist, wenn jemand beispielsweise (was immer wieder vorkommt) dagegen klagt, dass ihre Homepage bei Google schlecht abschneidet. Der berühmte "Google-Algorithmus", der darüber entscheidet, wer wo auf und in den Suchergebnissen landet, ist also ein vom Computer geäußerte (oder zumindest wiedergegebene) Meinung, und die ist vor solchen Bagatellklagen geschützt – basta!

Es geht dabei natürlich um Abermillionen von Werbeeinnahmen, die Google verdient und in Zukunft weiter verdienen will, indem sie ihre Meinung über die relative Bedeutung von Websites veröffentlicht. Es geht aber auch um die Dinge wie Verbraucherschutz und Kartellrecht, denn wenn Google nach Gutdünken urteilen darf, dann könnte sie auch ihren besten Kunden (wenn sie genug die dafür bezahlen) durch besseres Ranking Wettbewerbsvorteile verschaffen.

Google hat ein Rechtsgutachten zu dem Thema schreiben lassen. Herausgekommen ist ein Dokument mit dem Titel "Google, Microsoft's Bing, Yahoo! Seach, and other search engines are speakers", in dem den Algorithmen Sprachfähigkeit, jedenfalls im Sinne der US-Verfassung, attestiert wird. Wu versucht die für den Laien ansonsten etwas rätselhafte Behauptung am Beispiel einer typischen Lebenshilfekolumne wie der von Ann Landers (in Deutschland fiele einem dazu der legendäre "Dr. Sommer" aus der "Bravo" ein): Die Antworten des Ratgebers sind eindeutig Sprachäußerungen und als solche durch die Meinungsfreiheit geschützt. Auch Google gibt Antworten auf Fragen, die von Computernutzern gestellt werden, nur halt viel, viel schneller als Frau Landers, nämlich in Sekundenbruchteilen. Ansonsten? Le meme chose.

Laut Volokh folgt daraus, dass jeder Versuch der Regierung, Einfluss zu nehmen auf Google und seine Antworten, ein Akt der Zensur sei. Damit aber könnten sich die Betreiber von Suchmaschinen jeglicher Aufsicht und Kontrolle, etwa durch die Wettbewerbsbehörden entziehen. Sie stünden also im Zweifel über den Gesetzen zum Schutz von Verbrauchern, von Minderjährigen, von Anlegern oder unserer Privatsphäre – keine besonders angenehme Vorstellung, oder?

Gefühlsmäßig ist uns allen klar, dass nur Meinungen, die von Menschen geäußert werden, auch Meinungsfreiheit genießen, die "Äußerungen" von Maschinen hingegen nicht. Dr. Frankenstein schuf ja ein menschenähnliches Wesen, aber einem Monster würden wir wahrscheinlich keinen Rechtsschutz gewähren.

"Als Gesellschaft müssen wir uns fragen, ob wir wirklich das hohe Gut der Menschenrechte zu schlichten Werkzeugen wirtschaftlicher Vorteilnahme verkommen lassen wollen", schreibt Wu am Ende seines Aufsatzes. Oder anders gefragt: Wer soll in Zukunft das Sagen haben – der Mensch oder die Maschine?

22.6.2012)

ICH BIN SO FREI

Über Politik, Zensur und Menschenwürde

Das Internet sei „kein rechtsfreier Raum“. Das sagen Politiker gerne, wenn sie für mehr Zucht und Ordnung jenseits des Bildschirms plädieren. „Das Internet hat seine eigenen Gesetze“, sagen die Cyber-Bürgerrechtler, und plädieren für ein freies, selbstverwaltetes Net. Beide Positionen stehen sich im Alltag unversöhnlich gegenüber.

Nirgendwo wird das deutlicher als bei der Frage des Urheberrechts. Daran scheiden sich die Geister nicht erst seit der Erfindung des Internet. Auf der einen Seite stehen diejenigen, die geistiges Eigentum wie jeden anderen beweglichen oder unbeweglichen Vermögensgegenstand behandelt wissen, es demjenigen, der es geschaffen oder erworben hat, also zur alleinigen freien Verfügung überlassen wollen. Auf der anderen Seite stehen diejenigen, die den Besitz von geistigem Eigentum als Diebstahl an der Allgemeinheit brandmarken und den freien Zugang zu den Ergebnissen kreativer Arbeit fordern. Das geht schon seit Jahrhunderten hin und her. Autoren, Gönner und Besitzer von künstlerischen Werken haben immer wieder versucht zu kontrollieren, wer Kopien beispielsweise von Musikstücken herstellen, verbreiten, spielen oder anhören darf und wer nicht. Mozarts Patronin, die Baroness von Waldstätten, gestattete jedem, die Werke zu spielen, die sie in Auftrag gegeben und bezahlt hatte. Etwa zur gleichen Zeit ließ Händels Schirmherr, der britische König Georg I, die Noten der „Wassermusik“ wie einen

Staatsschatz hüten und ließ jeden einsperren, der es wagte, das Werk ohne seine Erlaubnis aufzuführen.

Im August 2008 verurteilte ein schwedisches Gericht die Betreiber der Musik-Tauschbörse „The Pirate Bay" zu einem Jahr Gefängnis sowie zur Zahlung einer Geldstrafe von umgerechnet 2.684.000 Euro, weil sie eine Suchmaschine für illegale Musik-Downloads betrieben hatten. Wohlgemerkt: Sie haben nicht selbst mit Schwarzkopien gehandelt, sondern lediglich Leuten, die danach gesucht haben, gesagt, wo sie sie finden können. Ein Aufschrei ging durch die Online-Gemeinde. „Vielleicht wäre ihnen nicht so viel passiert, wenn sie sich nicht ausgerechnet ‚Pirate Bay' genannt hätten", schrieb mein Freund Sebastian von Bomhard in seinem Blog, „das war wohl provokant. Und ich hoffe, ich irre mich, denn das hieße ja nichts anderes als dass sie für ihren Namen so drastisch bestraft wurden, quasi als freche Dissidenten."

Mit Online-Dissidenten wird inzwischen in manchen Ländern kurzer Prozess gemacht. Der chinesische Bürgerrechtler Shi Tao, immerhin Träger des International Press Freedom Awards, wurde verhaftet und eingesperrt, wobei die Verantwortlichen des Internet-Unternehmens Yahoo!, bei dem er seinen Blog betrieb, der Polizei seine Adresse aushändigte. Zu ihrer Verteidigung sagten sie, dass sie lediglich nach geltendem Recht gehandelt hätten – nach chinesischem, allerdings.

Wie schwer es für Unternehmen aus dem Westen inzwischen geworden ist, zwischen den unterschiedlichen Rechtsbegriffen in den vielen Ländern abzuwägen, in denen sie Geschäfte machen, zeigt das Beispiel der Firma Apple, die in Ägypten mit dem Gesetz in Konflikt gerieten, weil ihr schickes kleines iPhone über ein eingebautes Navigationssystem verfügt. Im Land der Pharaonen, das bis heute recht straff von einem demokratisch nur unzureichend legitimierten Regime geführt wird, hat sich das Militär per Gesetz ein Monopol auf das GPS-System ausbedingen lassen. Der Betrieb von privaten Navis ist also streng verboten. Dagegen haben sich ägyptische Bürgerrechtler online gewehrt, worauf sie Besuch von der Polizei bekamen.

Man kann sicher darüber streiten, ob es so etwas wie ein Menschenrecht auf GPS gibt, aber eines ist sicher: Informationsfreiheit ist eng verwandt mit Meinungs- und Redefreiheit. Außerdem darf man Firmen wie Apple, Yahoo oder Microsoft mit Fug und Recht daran messen, welche ethischen Grenzen sie sich setzen, wenn es darum geht, mit Staaten ins Geschäft zu kommen, die die Menschenrechte ihrer Bürger missachten.

Es geht auch nicht darum, ob die GPS-Sperre wirksam ist oder nicht (sie ist es nicht: auf einem ägyptischen iPhone funktioniert zum Beispiel Google Maps wunderbar!). Wenn es also nur darum ginge, die genaue Lage von Verteidigungsanlagen geheim zu halten, müsste man vermutlich alle SmartPhones am Nil verbieten.

Neben den vielen offensichtlichen Vorteilen des Internet wie unbegrenzte Kommunikation und schnelles Surfen zu den prallvollen Regalen der Online-Händler haben vor allem die Menschenrechtler gehofft, dass es im Internet-Zeitalter mehr Transparenz und damit mehr Toleranz und Völkerverständigung geben könnte. Berufsoptimisten, zu denen auch ich mich zähle, haben das Ende bewaffneter Konflikte und des Clausewitz'schen Prinzips („der Krieg ist die Fortsetzung der Politik mit anderen Mitteln) heraufdämmern sehen. In einer offenen

Welt, so hofften wir, hätte die Politik ganz andere, friedlichere Mittel. In meinem Buch „Erfolgsfaktor Internet“ schrieb ich schon 1999: „Kriege sind im Internet-Zeitalter keine Alternative mehr.“

Seitdem sind auf dem Balkan, in Afghanistan, im Irak und an vielen anderen Ecken der Welt Millionen von Menschen blutig gestorben. Von einem „pax internet“ sind wir weiter entfernt denn je.

Das heißt aber nicht, dass man aufhören sollte, an die friedensstiftende und befreiende Wirkung des globalen Netzes zu glauben oder sich für Menschen- und Bürgerrechte auch und gerade im Internet einzusetzen. Und dieser Kampf wird an vielen Fronten geschlagen – zum Beispiel daheim am PC. Wenn Musikmultis Tausende von Kids als Kriminelle behandeln, weil sie Musikstücke tauschen, wenn der Staat seine Bürger ohne ausreichenden Verdacht online bespitzelt, wenn Menschen hinter Gittern müssen, weil sie in einem Blog Dinge gesagt haben, die den Machthabern nicht gefallen, dann sind wir alle gefordert, dagegen unsere Stimme zu erheben – online und offline!

Das Internet, das wissen wir nicht erst seit dem Wahlsieg Barak Obamas, ist ein mächtiges Werkzeug für mehr Demokratie. Wer versucht, es uns im Namen von Recht und Ordnung aus der Hand zu reißen, verdient es, dass man ihm Widerstand leistet. Sonst könnte das Wort vom „rechtsfreien Raum“ eine ganz neue, furchterregende Bedeutung bekommen.

(24.9.2009)

ORWELL LÄSST GRÜßEN!

Die Gedanken waren mal frei

George Orwell verdanken wir den Begriff der „Gedankenpolizei“. Nur, dass seine verdeckt arbeitenden Psycho-Büttel im Roman 1984 auf Dinge wie angewandte Psychologie bei Befragungen und natürlich auf allgegenwärtige Überwachung angewiesen waren, um die Mitglieder der Gesellschaft zu finden, die dazu fähig sind, Kritik an der offiziellen Doktrin zu üben. In Zukunft werden sie es wesentlich leichter haben. Ein „brain scan“ genügt bereits heute, um einen Tatverdächtigen rechtskräftig wegen Mordes zu verurteilen, wie das Beispiel eines Gerichts im indischen Bundesstaat Maharashtra beweist.

Der Fall lässt zumindest mir die Nackenhaare zu Berge stehen: Eine gewisse Aditi Sharma stand unter dem Verdacht, ihren Verlobten, Udit Bharati, in einem McDonald’s-Restaurant in Pune vergiftet zu haben. Die 24 Jahre alte Sharma erklärte sich damit einverstanden, sich einem Test namens „Brain Electrical Oscillations Signature“ (BEOS) zu unterziehen, das vom indischen Neuroforscher Champadi Raman Mukundan, einem früheren Mitarbeiter des National Institute of Mental Health and Neuro Sciences in Bangalore, entwickelt wurde.

Der Test beginnt zunächst mit einem Elektroenzephalogramm oder EEG, bei dem die elektrischen Aktivitäten des Gehirns aufgezeichnet werden. Nachdem sie 32 Elektroden an ihrem Kopf angebracht hatten, lasen die Ankläger Frau Sharma mehrere Sätze vor, die bewusst in der ersten Person verfasst waren

(„ich kaufte Arsen“, „ich traf Udit bei McDonalds“). Zur Kontrolle wurden ihr auch neutrale Sätze vorgelesen wir „der Himmel ist blau“.

Der Richter, ein gewisser S. S. Phansalkar-Joshi, verurteilte die Frau, die hartnäckig jede Beteiligung an der Tat leugnete, zu lebenslanger Haft und schrieb in seiner Urteilsbegründung, der BEOS-Test habe überzeugend nachgewiesen, dass sie „selbst erlebtes Wissen“ über die Tat besitze, also Details, die sie nicht nur vom Hörensagen her kennen könne.

Einem Bericht der *International Herald Tribune* zufolge setzen bereits zwei indische Staaten, Maharashtra and Gujarat, BEOS in Gerichtsverfahren ein. Alleine in Maharashtra, sollen rund 75 Tatverdächtige bis heute mit dieser Methode elektronisch „verhört” worden sein. Der Fall Sharma sei allerdings das erste Mal gewesen, dass es ausschließlich aufgrund der Aufwertungsergebnisse zu einer Verurteilung gekommen sei.

Fast noch beunruhigender ist ein Nebensatz in dem Beitrag der IHT, in dem es heißt, die US-Regierung investiere seit den Terroristenangriffen vom 11. September 2001 ungenannte Summen in die Entwicklung von „gehirnwellen-basierten Lügendetektoren“. Dazu sollen Systeme zählen, die den Kopf des Delinquenten mit Infrarotstrahlen durchleuchten oder Scanner, um winzige Bewegungen der Augen beim Verhör aufzuzeichnen. Das Blatt nennt keine Quellen für diese Erkenntnisse, die ja vermutlich der amtlichen Zensur in den USA unterliegen, weist aber auf Veröffentlichungen amerikanischer Wissenschaftler wie Emanuel Donchin, Lawrence Farwell und J. Peter Rosenfeld hin.

Wir müssen also davon ausgehen, dass die USA bereits über solche Verfahren verfügt – ich meine, wenn man in Bangalore schon so weit ist, was wird das NSA in seiner Trickkiste haben?

Übrigens: Orwell bekam seine Idee von der „thought police" aus Japan, wo 1936 ein „Gesetz zum Schutz und zur Überwachung von Gedankenverbrechern" verabschiedet wurde. Bereits 1911 war dort die „Spezielle Höhere Polizei" (Tokubetsu koto keisatsu, auch kurz „Tokko" genannt) gegründet worden, die wegen ihrer Aufgabe, „gefährliche Gedanken" wie z.B. den Marxismus zu bekämpfen, unter dem Namen „Gedankenpolizei" bekannt war. Sie durfte „Gedankenverbrecher" allein aufgrund einer vermuteten regimefeindlichen Einstellung präventiv in Haft zu nehmen.

Das alles wirft für mich eine Reihe von sehr, sehr ernsten Fragen auf. Hier ein paar davon:

- Kann sich die NSA die ganze Online- und Telefonüberwachung in Zukunft schenken?
- Kann es überhaupt den perfekten Lügendetektor geben, oder ist die anzunehmende Fehlerquote nicht viel zu groß, als dass ein deutsches Gericht je dem indischen Vorbild folgen wird?
- Ist das endgültig das Ende der Privatsphäre?
- Wenn ja: Ist das mit der durch Artikel eins des Grundgesetzes geschützten Menschenwürde vereinbar?

Der IHT zufolge ist das BEOS-Verfahren von Mukundan im Westen noch nie einem ordentlichen Peer-Review unterzogen worden. Offenbar möchte der Mann damit reich werden und rückt deshalb nur ungerne mit Details über seine Forschungsarbeit heraus. Das zumindest sollte aufhören: Forscher hierzulande sollten sich möglichst schnell an einer internationalen Überprüfung der aufgestellten Behauptungen über den Wirkungsgrad von BEOS beteiligen – und sei es auch nur, damit wir überzeugende Argumente parat haben, wenn – was meines Erachtens unweigerlich kommen wird – die Hardliner in Polizei und Regierung in unserem Lande dahinter kommen, dass sowas machbar ist und ganz schnell ein entsprechendes Gesetz nachschieben. Selbstverständlich ohne große öffentliche Debatte.

Erinnern Sie sich an Tom Cruise in Steven Spielbergs „Minority Report"? Von wegen Science Fiction: Orwell lässt grüßen!

(18.9.2008)

SHIT HAPPENS

Und zwar allem in der digitalen Überwachung.

Wo wir uns doch alle gerade über NSA, Online-Fahnung, staatliche Videokameras im Wohnzimmer und flächendeckende Aufzeichnung von Kfz-Kennzeichen aufregen, hier ein kleines Bonmot aus dem ordnungspolitischen Alltag, der mich nachdenklich macht.

Neulich nahm der nette Herr Betz, der sich liebevoll um unser kleines Cabrio kümmert, das gute Stück aus München mit in seine Werkstatt im Nordosten der Stadt. Herr Betz ist ein sehr umsichtiger und penibler Mensch, was ich an ihm schätze, denn er hält unseren Wagen immer tipptopp in Schuss.

Hinzufügen muss ich, dass wir den Wagen mit einem so genannten Saisonkennzeichen zugelassen haben, da wir ohnehin im Winter nicht damit fahren wollen. Vom 1. April bis 31. November ist der Wagen zugelassen, dazwischen steht er in der Garage.

Herr Betz holte den Wagen Anfang März ab, und da er ja zu diesem Zeitpunkt weder zugelassen noch versichert war, brachte er ein rotes Überführungskennzeichen mit. Am 18. März stellte er ihn wieder in die Garage, warf Schlüssel und Rechnung in den Briefkasten und ging nach Hause. Nebenbei bemerkt: Das ist noch echter Service!

Zwei Wochen später bekam ich einen sehr amtlich aussehenden Brief vom „Bayer. Polizeiverwaltungsamt – VOWi“, der mich davon in Kenntnis setzte, dass mir vorgeworfen wurde, „am

18.3.2008 um 06:10 Uhr in München, BAB A99, km 3.638, Lindau Richt. Salzburg“ die zulässige Höchstgeschwindigkeit außerhalb geschlossener Ortschaften um 26 Stundenkilometer überschritten zu haben, wofür man gedenke, mir eine Geldbuße von 50 Euro sowie Kosten in Höhe von 23,50 Euro und zusätzlich noch drei Punkte in Flensburg zu verpassen.

Ich schaute in den Kalender und sah, dass Herr Betz an diesem Tag den Wagen zurück gebracht hatte. Wieso er dazu über die A99 fahren musste, war mir zwar nicht klar, aber vielleicht wollte er ja den Wagen noch etwas einfahren. Aber wieso morgens um sechs?

Jedenfalls rief ich ihn an und sagte: „Na, Herr Betz, waren wir ein bisschen schnell unterwegs?“ Woraufhin er aus allen Wolken fiel und mir – glaubhaft – versicherte, dass er erstens selten zu schnell fährt, zweitens niemals mit einem Kundenfahrzeug und drittens zweimal nicht, wenn er ein rotes Kennzeichen am Auto hat. „Das wäre ja Wahnsinn!, sagte er. Stimmt.

Also rief ich beim „Bayer. Polizeiverwaltungsamt – VOWi“ an und fragte, was denn los sei. Nun, ich sei wohl zu schnell gefahren, sagte der Beamte. Nee, sagte ich, wenn überhaupt, dann Herr Betz. Aber eigentlich sei es komisch, denn der habe ja ein rotes Kennzeichen drangemacht. Meine Nummer wäre also eigentich gar nicht zu sehen gewesen.

Der Beamte stutzte, schaute und fragte dann nach meinem Kennzeichen. Nun kenne ich die Nummer auswendig: M-TC 1066. Habe ich mir ausgesucht, weil TC meine Initialen sind und im Jahr 1066 Wilhelm der Eroberer in der Schlacht von Hastings die Angelsachsen besiegt und England den Normannen unterworfen hat. Sie merken schon, eines meiner Hobbies ist englische Geschichte…

Der Polizist ließ mich ein paar Minuten warten, während er das Beweisfoto auf den Bildschirm holte. Und dann fragte er mich: „Fahren Sie einen weißen Mercedes-Kastenwagen?"

Nein, sagte ich, ich fahre einen wunderschönen weinroten Mercedes SLK. Verwechslung ausgeschlossen.

Er schaute das Foto dann wohl etwas genauer an und meinte: „Das war der Computer!" Genauer: Das Schrifterkennungsprogramm, das aus einem „F" ein „C" gemacht hatte. Kleine Ursache, große Wirkung, also. Scheiß Computer!

Was mich aber beunruhigt ist die Tatsache, dass der Scheiß-Computer immer mehr in den Mittelpunkt polizeilicher Fahndungarbeit rückt. Was wäre gewesen, wenn das gesuchte Auto einem Terrorverdächtigen gehört hätte? Was, wenn die Polizei davon ausgegangen wäre, der Kerl ist bewaffnet?

Wäre mir vielleicht so ergangen wie der arme Ian Macleod, der an einem schönen Junimorgen im Jahre des Heils 1972 an die Tür seiner Wohnung im Stuttgarter Asemwald ging und dort einen Polizisten im schusssicherer Rüstung und mit gezückter MP vorfand? Macleod tat das, was ich wahrscheinlich auch getan hätte: Er schmiss die Tür zu und rannte davon. Leider hat der Knall den Polizisten so erschreckt, dass er sein Magazin durch die geschlossen Wohnungstür entleerte und den unschuldigen Schotten zersiebte.

Und überhaupt: Warum bin ich offenbar der einzige, der sich an den Fall Macleod erinnern kann? Gut, ich war damals Lokalreporter in Stuttgart und mit dem Fall vertraut. Aber Wolfgang Schäuble war damals auch schon auf der Welt und sogar schon politisch aktiv.

Und warum beschleicht mich leise Angst, wenn ich bei Google „Macleod Baader-Meinhof-Bande“ eingebe? Ich will ja nur noch mal das Datum prüfen. Aber was ist, wenn die Online-Überwachung schon in vollem Gang ist? Der Google-Treffer zusammen mit einem vom Computer falsch erkannten Kennzeichen – und schon könnten sie vor der Tür stehen…

(19.4.2008)

NACHWORT:

Der freie Blick in meine Seele

Das gute alte Internet ist auch nicht mehr das, was es mal war.

Ich bitte, dies nicht als Kulturpessimismus auszulegen. Eigentlich bin ich nämlich ein ziemlich unverbesserlicher Optimist, und wenn ich es vorziehe, nicht mitzumachen beim Tanz um das goldene Kalb des „Mitmach-Internet“, also des Web 2.0, dann verstehen Sie das bitte als konstruktive Nachdenklichkeit und nicht als Miesepeterei.

Nein, das Internet ist wirklich nicht mehr das, was es mal war – aber muss es gleich in ‚Mitmach-Internet‘ umgetauft werden? Ich denke, wir alle konnten doch schon immer aktiv mitgestalten. Vor 20 Jahren haben wir bereits Sachen ins Internet gestellt. Gut, es war nicht so leicht wie heute einen Blogeintrag zu schreiben. Aber man konnte damals schon Videos ins Internet stellen und nicht erst, seitdem es YouTube gibt. Ja, noch vor zehn Jahren haben die Bilder im Internet noch geruckelt wie eine alte Wochenschau, aber sie bewegten sich doch.

Das allererste Social Network meines Lebens hat mir mein Freund Ossi Urchs schon 1991 gezeigt, der von Web 2.0 viel begeisterter ist. Ossi ist auch ein sogenannter „Deadhead“, und er führte mich in das Usenet-Forum von Grateful Dead ein, einer Kultband aus Kalifornien.

Dort haben die Fans schon angeregt online diskutiert über Platten, Konzerttermine, Drogen und – ich fand das besonders nett – Babysitter. Man muss wissen, dass die Grateful Dead bereits damals etwas in die Jahre gekommen waren. Einige Bandmitglieder waren sogar tatsächlich schon tot. Die Fans wurden auch nicht jünger, und bei einigen hatten sich die Prioritäten bereits ein wenig verschoben. Heute diskutieren sie vermutlich über Prostatamittel und Heizkissen.

Usenet wurde 1979 von Tom Truscott und Jim Ellis als Plattform für (allerdings noch rein textbasierte) Online-Communities erfunden. Und jeder, der einen Internet-Anschluss hatte, konnte mitmachen, damals schon.

Zwei Dinge – nur zwei Dinge – haben sich seitdem geändert: Die Bandbreiten sind breiter geworden, die Bilder ruckeln also nicht mehr so. Und die Tools sind einfacher geworden. Selbst mein Schwiegervater mit seinen 91 Jahren könnte heute surfen. Leider gibt es aber viel zu wenig barrierefreie Websites, sonst würde es ihm vermutlich mehr Spaß machen, denn er sieht nicht mehr gut und hören tut er auch schlecht.

Es gibt inzwischen viele Initiativen zugunsten von barrierefreiem Internet, aber es gibt viel zu wenig barrierefreie Websites. Daran sollten wir alle denken wenn wir unsere Webdesigner das nächste Mal briefen, denn laut Aktion Mensch ist jeder zehnte Bundesbürger in irgendeiner Weise körperlich behindert, und nach einer Studie der Frankfurter Beratungsfirma Salient beträgt der Online-Anteil der Behinderten über 85 Prozent – im Bundesdurchschnitt sind es nur knapp über 60 Prozent.

Wir können also schon mal zwei Dinge festhalten: Erstens ist das Mitmach-Internet ein alter Hut und zweitens kann eben doch nicht jeder uneingeschränkt mitmachen. Es will auch nicht jeder mitmachen: Die Internet-Durchdringung zeigt in allen entwickelten Ländern bereits deutliche Sättigungstendenzen.

Was heißt das aber, wenn ein gutes Drittel der Bevölkerung nicht über das Internet erreichbar ist, entweder weil sie es nicht sein will oder weil sie keine Möglichkeit dazu hat? Was bedeutet das für das vielzitierte eGovernment oder für die kommende E-Society? Zerfällt die Informationsgesellschaft á la longue in „Information-haves" und „Information-have-nots", wie es Nikolas Negroponte vom MIT Media Lab einmal formulierte?

In Italien haben die Mitarbeiter von IBM kürzlich zum ersten Online-Streik der Geschichte aufgerufen. Die Medien haben das weltweit als Meilenstein in der Geschichte der Online-Demokratie gefeiert. Was aber, wenn nicht jeder Kollege Zugang zum Computer hat? Kann er trotzdem mitstreiken?

In Burma gingen die ersten Bilder von der Safran-Revolution noch unzensiert per Internet um die Welt. Dann haben die Machthaber die Leitungen gekappt und den japanischen Kameramann Nagai Kenji erschossen. Gut, es dringen immer noch ein paar unscharfe Handy-Bilder nach außen, aber ansonsten herrscht im burmesischen Mitmach-Internet gespenstige Totenstille.

In China werden Online-Dissidenten wie Shi Tao, immerhin Träger des International Press Freedom Awards, fürs Mitmachen gejagt und eingesperrt – übrigens mit aktiver Unterstützung von Yahoo. Wenn sie zum Beispiel „Tiananmen Square", also „Platz des himmlischen Friedens", in die chinesische Ausgabe von Yahoo eintippen, sehen Sie nichts, weil die Behörden und ihre Helfershelfer von Yahoo sämtliche einschlägige Seiten gesperrt haben. Jerry Yang, einer der Gründer von Yahoo, sagt, er befolge nur die geltenden Gesetze. Gratuliere, Jerry! Genau das haben die KZ-Wärter auch gesagt.

Wenn wir also übers Mitmach-Internet reden, dann müssen wir auch über diese Dinge sprechen. Schließlich wollen ja auch wir nicht, dass jeder mitmachen darf. Kinderschänder, , aber auch Andersdenkende, zum Beispiel Nazis. Terroristen sowieso.

Das Problem ist nur: Dem einen sein Terrorist ist dem anderen sein Freiheitskämpfer. Wer darf die Entscheidung treffen? Und ist am Ende vielleicht alles verboten, einfach weil es irgendwo auf der Welt einen gibt, der sich in seinem Rechts-, Ruhe- oder Religionsempfinden gestört fühlt?

Nehmen wir mal die Bombenbastler. EU-Kommissar Franco Frattini möchte die Internetsuche nach Bombenbauanleitungen und den Zugang zu entsprechenden Seiten von den Internetprovidern blockieren lassen. Laut „heise-online" will Frattini mit den Providern klären, „wie es möglich ist, mit technischen Mitteln die Menschen daran zu hindern, gefährliche Wörter wie Bombe, Töten, Genozid oder Terrorismus zu verwenden oder nach ihnen zu suchen." Schöner hätte es George Orwell auch nicht formulieren können. Die Gedankenpolizei lässt grüßen.

Apropos Polizei: Nicht nur ich, sondern viele andere sind besorgt sind über die Versuche, das Internet in Deutschland lückenlos überwachen zu wollen. Ich bin mir allerdings auch ziemlich sicher, dass es ihm niemals gelingen wird, und zwar aus ganz einfachen technischen Gründen: Wer will, kann sich nämlich heute mit einfachsten Mitteln gegen Bundestrojaner oder andere Schnüffelsysteme schützen. Ich habe darüber mal mit

Phil Zimmermann gesprochen, dem Vater von ‚Pretty Good Privacy', ein vermutlich immer noch unknackbares Verschlüsselungssystem für E-Mails und Festplatten, das kostenlos per Mausklick heruntergeladen werden kann. Ich habe ihn gefragt, was er von den deutschen Plänen zur Online-Überwachung hält. Er hat nur gelacht. ‚Welcher Terrorist ist so dämlich und schickt unverschlüsselte E-Mails?', fragte er mich.

Nun, Terroristen, ob dumme oder intelligente, zu fangen ist natürlich der Job der Polizei. Nur würde ich davor warnen, sich allzu viele Hoffnungen zu machen, sie per Internet zu schnappen. Die Online-Überwachung unschuldiger Bürger halte ich dagegen für maßlos, und ich will versuchen zu erklären warum.

Viele von uns verbringen heute immer mehr Zeit im Internet, also in einer Welt, die nicht hinter dem Spiegel, sondern hinter dem Bildschirm liegt. Hier leben und arbeiten wir, hier treffen wir unsere Freunde und tauschen uns mit ihnen aus. Hier leben wir unsere kühnsten, aber auch unsere intimsten Träume aus. Otto Schäuble hat in einem Interview mit dem *Spiegel* den Vergleich zwischen Onlineüberwachung und Telefonüberwachung gezogen und gesagt, er verstehe die ganze Aufregung nicht.

Nun, wenn man selber nicht in dieser Welt hinter dem Bildschirm zu Hause ist, mag die Verwechslung eines Telefons mit einem Computer, der auch irgendwie an einer Leitung hängt, vielleicht sogar verständlich sein. Das Internet ist aber mehr als nur ein Kommunikationsmittel wie das Telefon – mit dem übrigens heute bekanntlich überall und jederzeit und in Zukunft leider auch im Flugzeug lautstark und unüberhörbar kommuniziert wird. Zum Überwachen genügt in vielen Fällen bereits ein einfaches Diktiergerät.

Die Welt hinter dem Bildschirm ist leiser und intimer. Hier einzudringen hat nichts mit einer Telefonüberwachung zu tun, eher schon mit einer Durchleuchtung – oder einer Hausdurchsuchung, vor die der Gesetzgeber und die Gerichte mit Recht viel höhere Hürden setzen und bei dem andere Maßstäbe in Sachen Verhältnismäßigkeit gelten als beim reinen Telefonverkehr.

Die Online-Durchsuchung geht sogar noch sehr viel weiter. Man sollte sie besser mit einer Leibesvisitation vergleichen – nur dringt derjenige, der mich im Internet beobachtet, nicht nur in meine Taschen, sondern unter meine Haut und bis in meine Seele vor. Dort vermischt sich mein Gefühlsleben untrennbar mit meinem Berufs- und Privatleben. Es ist, als würden Sie in mein geheimstes Tagebuch blicken.

Es geht beim Thema Online-Durchsuchung also im Grunde um das höchste Gut, das unsere Gesellschaft – und unsere Verfassung – kennt: Es geht um unsere Menschenwürde. Und die ist ja bekanntlich unantastbar.

Ich möchte auch das Recht auf Anonymität dazu zählen. In der Welt hinter dem Bildschirm sind die Spielregeln, wie gesagt, ein bisschen anders. Man kann sich dort zum Beispiel wunderbar verstellen, und deshalb muss man auch höllisch aufpassen, etwa in einem Chatroom oder einem Online-Forum, denn die charmante junge Dame, mit der Sie flirten, könnte womöglich ein älterer Herr aus Hamburg sein, oder eine Horde Neuntklässler, die sich gerade vor Lachen auf dem Boden wälzen.

Diese Anonymität des Internet ist für viele Menschen wichtig, weil es sie schützt, nicht nur, wenn sie Verfolgung fürchten wie in China. Hierzulande bleiben viele gerne anonym, weil sie sich fürchten vor der Neugier der Firmen, die bekanntlich nur ihr Bestes wollen – und davon so viel wie möglich. Fragen Sie die Betreiber von Web-Shops, wie viele Menschen beim Ausfüllen der Anmeldung ganz bewusst einen falschen Namen angeben. Nun, wenn man sie zwingt, ihre persönlichen Daten preiszugeben, sich sozusagen nackt auszuziehen, bevor sie überhaupt mitmachen dürfen, dann sollte man sich auch nicht wundern.

Natürlich ist es für eine Online-Transaktion wichtig zu wissen, wer der andere ist. Aber muss ich wirklich mein Geburtsdatum verraten, nur damit ich im Internet etwas ansehen darf, bei dem es eine Mindestaltersvorschrift gibt? Würde es nicht genügen, wenn jemand bestätigen würde, dass ich volljährig bin? Muss ich wirklich jedes Mal meine Kreditkartennummer verraten, um online etwas einzukaufen? Warum kann ich nicht ebenso anonym auf Shopping-Tour gehen wie ich es mit Bargeld im richtigen Leben kann?

Weil der Marketingchef mehr wissen will. Er hat gerade ein teures CRM-System angeschafft, um Kundenprofile zu erstellen. Nun, die Daten soll er von mir aus bekommen – aber nur, wenn er mir dafür etwas gibt. Einen kleinen Rabatt, zum Beispiel: persönliche Daten als Handelsware? Warum nicht? Das wäre wenigstens offen und ehrlich.

Ich glaube, dass Makler von digitalen Identitäten in Zukunft gute Geschäfte machen werden. Das können zum Beispiel die Trust Center sein, die früher mal geschaffen wurden, um die so genannten digitalen Signaturen zu verwalten, die der Gesetzgeber zwar mal beschlossen hat, die aber leider keiner haben wollte, weil sie zu kompliziert, zu teuer und zu bürokratisch waren. Oder die Deutsche Post könnte ihren „PostIdent"-Service aufs

Internet ausweiten. Mitmachen könnten viele. Es muss nur jemand organisieren.

Womit ich gerne Schluss machen will, denn ich glaube, es gibt viele Fragen und viel Stoff für eine spannende Diskussion. Ich freue mich jedenfalls darauf und hoffe, dass wir am Ende alle das Gefühl haben werden, das Mitmachen hat sich gelohnt.

- Finis -

Neu

Digitale Aufklärung

Warum das Internet uns klüger macht

Von Ossi Urchs und Tim Cole

Es ist schick geworden, das Internet und die digitale Vernetzung für allerlei Übel der Menschheit verantwortlich zu machen. Kulturpessimisten diagnostizieren eine aufkommende „digitale Demenz" und zeichnen das düstere Bild einer Zukunft, in der Menschen aufhören, selbstständig zu denken. Die Internet-Experten Ossi Urchs und Tim Cole vertreten eine radikal andere Position: Das Internet macht uns klüger. Wer alle Möglichkeiten der Vernetzung ausschöpft, kann sich mit anderen zusammentun, um Missstände der Politik anzuprangern, kann Unternehmen gründen und gemeinsam mit anderen an sozialen Projekten arbeiten. Wir sind der Digitalisierung nicht hilflos ausgeliefert, wir können sie sinnvoll gestalten.

Das Buch erscheint im Hanser Verlag, München und ist ab Oktober 2013 im Buchhandel

ISBN 978-3-446-43673-2